職業キャリアの空間的軌跡

研究開発技術者と
情報技術者のライフコース

中澤高志 著

大学教育出版

職業キャリアの空間的軌跡
―研究開発技術者と情報技術者のライフコース―

目　次

Ⅰ 問題の所在 …………………………………………………………… 1
  1. はじめに ………………………………………………………… 1
  2. 空間的視点の意義 ……………………………………………… 4
  3. 製造業研究開発技術者と情報技術者を対象とする意義 …… 5

Ⅱ 本書の研究視角——ライフコース概念について—— ………… 12
  1. ライフサイクル概念とその問題点 …………………………… 12
  2. ライフコース概念とライフヒストリー ……………………… 14
    （1） ライフコース概念の骨子　*14*
    （2） ライフコース概念とライフヒストリーの相違　*17*
  3. ライフコースの空間的把握と地域間分業 …………………… 21

Ⅲ 製造業研究開発技術者の新規学卒労働市場——労働市場の空間と制度——
  ……………………………………………………………………… 25
  1. 問題の所在 ……………………………………………………… 25
    （1） 新規学卒労働市場とライフコース　*25*
    （2） 研究開発技術者の労働市場に関する既存研究　*27*
    （3） 調査の概要　*30*
  2. 初就職に伴う移動の空間構造 ………………………………… 31
  3. 入社経緯の分析 ………………………………………………… 36
    （1） 分析の枠組み　*36*
    （2） 入社経緯が就職結果にもたらす影響　*38*
  4. 現在の工学部大卒者の就職先地域 …………………………… 43
  5. 地方大学工学部における就職プロセスに関する事例分析 … 50
    （1） A大学機械学科における就職プロセス　*52*
    （2） 就職プロセスの結果　*54*
  6. 小　括 …………………………………………………………… 58

Ⅳ 研究開発技術者の企業内キャリアと住居経歴 …………………………… 64
1. 問題の所在 ……………………………………………………………… 64
2. 研究開発技術者の転居と転勤 ………………………………………… 66
   （1） 転勤の発生と転居への影響　66
   （2） ライフサイクルに伴う転居と給与住宅　69
3. 研究開発技術者の企業内キャリア …………………………………… 72
   （1） 転勤に伴う職務の変化　74
   （2） 企業内キャリアの事例　79
4. 小　括 …………………………………………………………………… 83

Ⅴ 九州における情報技術者の職業キャリアと労働市場 ………………… 87
1. はじめに ………………………………………………………………… 87
   （1） 問題の所在　87
   （2） 情報サービス産業に関する既存研究の整理　89
   （3） 1980年代以降の情報サービス産業の労働市場と還流移動者　91
2. 調査の概要と情報技術者の属性 ……………………………………… 95
3. 情報技術者の地域間移動 ……………………………………………… 99
4. 地方圏情報技術者の職業キャリア …………………………………… 103
   （1） 情報技術者のキャリアパス　103
   （2） 情報技術者の賃金と転職、還流移動　105
   （3） 客先常駐という働き方　108
5. 小　括 …………………………………………………………………… 110

Ⅵ 九州におけるインターネット関連産業の動向と従業員の職業キャリア
　……………………………………………………………………………… 115
1. はじめに ………………………………………………………………… 115
2. インターネット関連企業の立地動向 ………………………………… 119
3. 東京都区部と九州のインターネット関連産業の比較 ……………… 123

4.　九州のインターネット関連企業従業員の職業キャリアと年収 …… *128*
　　5.　小　括 ……………………………………………………………… *132*

Ⅶ　地方都市におけるインターネット関連産業とその経営者――大分県の事例――
　　…………………………………………………………………………… *136*
　　1.　はじめに ………………………………………………………………… *136*
　　2.　大分県におけるインターネット関連企業の経営 ………………… *139*
　　　（１）　対象企業の属性とインキュベーション施設ⅰプラザ　*139*
　　　（２）　インターネット関連企業の業務　*145*
　　　（３）　顧客の獲得と業者間のリンケージ　*147*
　　3.　大分県のインターネット関連企業の経営者 ……………………… *152*
　　　（１）　経営者の属性　*152*
　　　（２）　市場環境に対する認識　*156*
　　　（３）　経営の志向性　*158*
　　4.　小　括 ……………………………………………………………… *160*

Ⅷ　結　論 ……………………………………………………………………… *163*
　　1.　問題意識と分析枠組みの再確認 …………………………………… *163*
　　2.　実証研究から得られた知見 ………………………………………… *165*
　　3.　結びにかえて ………………………………………………………… *169*

あとがき ……………………………………………………………………… *172*

文　献 ………………………………………………………………………… *175*

職業キャリアの空間的軌跡
―研究開発技術者と情報技術者のライフコース―

I
問題の所在

1. はじめに

　ライフコースは個人の生きてきた歴史であり、各人に固有のものである。人々は自分のライフコースの理想像を思い描き、多かれ少なかれそれに近づこうと努力する。しかし人間はまったく自分の思う通りにライフコースを歩むことは出来ない。そもそもどのようなライフコースを理想とするかについても、時代や地域の影響から自由ではない。したがって個人のライフコースは、特定の時代および地域に固有の社会経済的背景に対する適応の軌跡としてとらえられる。個人のライフコースはさまざまな経歴の束からなり、それぞれの経歴は相互に影響しあっており、どの経歴も個人のライフコースを把握する上で無視することが出来ない。しかし本書では、特に仕事に関する経歴（職業キャリア）に焦点を当ててみたい。仕事の対価である賃金の水準は生活水準を規定し、就いている職業は賃金とは微妙にずれたかたちで、その人の社会階層を規定する。また仕事に費やされる時間は、人間の一生として与えられた時間の大きな部分を占め、その人の思考様式や価値意識に重大な影響を与える。まさに「仕事はもちろん人生の一部にすぎないが、まことに重要な一部であり、人生に及ぼす仕事の影響ははかり知れないほど深い」（小池 1999：i）のである。

　1990年代初頭以降、日本の労働市場はこれまで経験したことが無いほどの変化を経験しつつある。事業所・企業統計によれば、1991年から1999年の8年間に日本の民営事業所の従業者数は約121万人減少した。未曾有の雇用情勢の悪化を受けて、2002年には失業率が5.4%（労働力調査による）を記録し

た。雇用維持の姿勢を死守してきた大企業といえども、日本的雇用体系[1]を従業員に一律に適応するわけには行かなくなり、積極的に希望退職を募るとともに、新規採用を手控えるようになった。

　2002年ごろから2007年現在に至るまで、景気は回復を続けているとされる。しかしそれは、必ずしも雇用の拡大にはつながっていない。事業所・企業統計によれば、1999年から2004年の5年間で、民営事業所の従業者数は、それ以前の8年間を上回る138万人もの減少を見せている。バブル経済崩壊以降の従業者数の減少分には、少子高齢化といった人口構造の変化に起因する部分もあるであろう。また、2004年以降、景気回復に伴って雇用が拡大に向かっている可能性もある。しかし、短期的な雇用の増加や雇用情勢の良化が見られたとしても、それが高度成長期のように長期的な趨勢となることを信じる者はほとんどいないはずである。

　かつてであれば、若いサラリーマンは上司の生き様に自分の姿を重ね合わせ、将来設計のよすがとすることができた。ところが長引く不況と雇用情勢の悪化の中で、ライフコースの青写真は、すっかり不鮮明なものになってしまった。象徴的な例をひとつ挙げよう。図I-1は新規高卒者あるいは新規大卒者として就職した者のうち、3年以内の離職率を示している。3年以内の離職率に

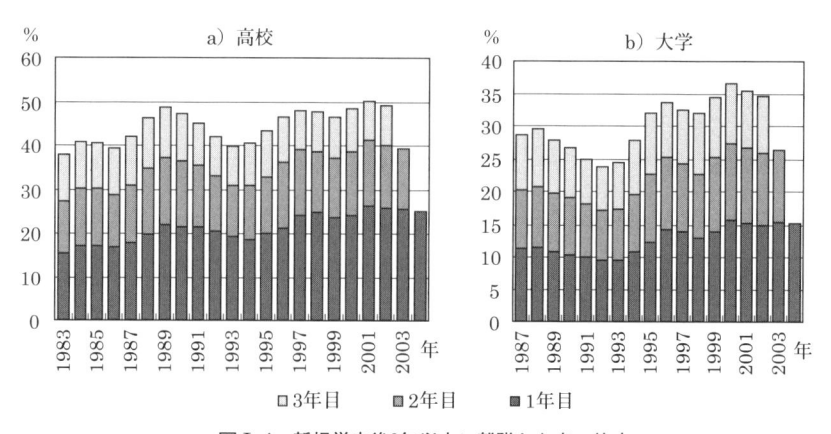

図I-1　新規学卒後3年以内に離職した者の比率
資料：厚生労働省「新規学校卒業就職者の就職離職状況調査」により作成。

ついては、中卒者が約70%、高卒者が約50%、大卒者30%と認識され、「7・5・3現象」なる言葉がよく使われてきた。この中で「5」とされた高卒者の3年以内離職率は、実際には50%よりかなり低かったのだが、2001年卒業者に至って初めて50%を超えるに到った。今では新規高卒者の4人に1人が、入社後1年の声を聞かずにやめてゆく状況である。大卒者でも入社後わずか1年以内に離職する者が10%強に上り、3年以内には30%以上が入社した企業を去っている。ここには示していないが、新規高卒者や大卒者の中で進路が未決定のいわゆる「無業者」の割合も1990年代を通じて上昇を続け（粒来1997）、景気回復が言われている今もかなり高い水準にある[2]。

　新規学卒者の一括採用とそれに続く長期安定雇用は、日本の労働市場の特徴であると理解されてきた。長期安定雇用は年功賃金と結びつき、人々の将来設計を容易にした。しかし新規学卒者の短期離職に端的に表れているように、長期安定雇用を期待できた時代はもはや歴史の領域となりつつある。今日の労働市場において、新規学卒者は相対的な比重を下げている（図I-2）。それとは対照的に、転職入職者は1980年頃に200万人を下回っていたものが、2005年には500万人に迫るまでに増加している。今日の職業キャリアは、転職を前提としたものにならざるを得ないのである。このように、学生から社会人への移行過程がゆらぎの中にあり、労働市場の流動性がこれほど高まっては、若者にとって上司は30年後、40年後の自分を映す鏡には到底なり得ない。

　仕事を取り巻く環境がみせる激しい変化の中で、職業キャリアを中心とする人々のライフコースはいかなる変化を見せてきたのだろうか。本書では、こうした素朴で根源

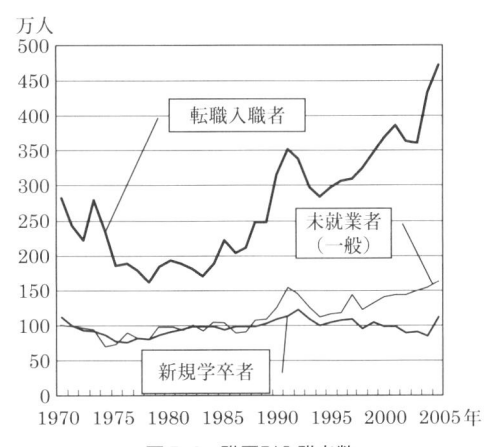

図I-2　職歴別入職者数
資料：雇用動向調査により作成。

的な問いを出発点として、製造業研究開発技術者と広い意味での情報技術者のライフコースを空間的な観点から分析してゆく。時代によるライフコースの変化を、職業キャリアに焦点を当てて空間的な観点から分析すること。これにはどのような意味があるのか。この点については、Ⅱ章で詳しく述べるが、ここでも簡単に記しておこう。

2. 空間的視点の意義

　人間の生活が現実の空間において行われる以上、ライフコースは空間的軌跡をなす。時間地理学的な研究においてよくなされるように、日スケールの人間活動の空間的軌跡を記述し、分析することもできる[3]。しかし、その方法を長期にわたるライフコース全体に適用することは、いわば顕微鏡で天体を眺めるようなものである。長い時間スケールのもとで、ライフコースの空間的軌跡を観察するためには、日スケールの空間的軌跡の基点である住居に焦点を合わせ、その軌跡である住居経歴を考察の対象とするほうが妥当である。
　住居経歴を構成する住居移動のうち、個人のライフコースにおけるインパクトが特に大きいのは、大都市圏と地方圏間の移動に代表される地域間人口移動である。それは、同一都市圏内での住みかえと異なり、住居だけでなく生活圏そのものをも新たにすることだからである。国立社会保障・人口問題研究所が2001年に行った第5回人口移動調査によれば、5年前の前住地が他県である男性の移動理由では、「職業上の理由」が51.5%と圧倒的に多く、これに「入学・進学」の11.6%が続いた。進学も就職の準備段階としての側面が強いことを考えると、地域間人口移動の多くは仕事に関連した理由で行われているといえる[4]。したがって地域間人口移動に変化が見られたということは、仕事をめぐるさまざまな要素の布置が時とともに変化し、そのことが人々のライフコースの空間的軌跡に影響を与えてきたことを示唆している。
　人口の地域間移動は、新古典派の経済理論が想定しているように、質的に区別のない労働力需要に対応して、等質で匿名の労働力が移動するといった単純

なものではない(Castree et al 2004)。現実の労働市場は性、学歴、年齢などによって細かく分断されており、特定の個人が職を得やすい産業や職業は、その人の属性によっておのずと決まってくる(Peck 1996；Gordon 1995)。また、立地論の業績を紐解くまでもなく、それぞれの産業は異なった立地特性を有する。資本主義が発達すると、同一産業組織の内部でも分業が進み(ブレイヴァマン 1978)、それぞれの機能は最も重要な立地因子に引き寄せられ、別々の場所に分離して立地するようになる(Massey1995a)。雇用吸収力の旺盛な産業は時とともに推移し、同一産業での職業構成も時代とともに変化する。

　職業キャリアやライフコースという言葉が使われる場合、普通そこに空間的な含意はない。しかし今述べてきたように、職業選択が自由でありえず、しかも職業、産業の立地に規定されて雇用機会の分布が不均一である以上、ライフコースは特定の時代背景における雇用機会の分布状況を色濃く反映した空間的軌跡を描く。つまり、時代によるライフコースの差違について検討するに当たっては、空間的な視点が本質的に重要となるのである。筆者が個人のライフコースの描く空間的軌跡を、仕事を取り巻く社会経済的背景の変化の空間的側面に即してとらえようとするのは、こうした認識に立っているからである[5]。

3. 製造業研究開発技術者と情報技術者を対象とする意義

　本書の主な分析対象は、研究開発技術者と広義の情報技術者のライフコースである。いうまでもなく、これらの職に就く人は、全国民のわずかな一部分にすぎない[6]。これに対して、ここまでの部分で筆者が提示してきた本書の課題は、かなり一般的・抽象的なものである。ライフコースにまつわる一般的な課題に取り組むに当たり、研究開発技術者と情報技術者という限られた一部分を取り上げる意味を述べておく必要があるだろう。

　戦後日本の高度成長においては、大都市圏のひときわ高い成長率が、日本全体の経済成長を推進した。大都市圏の旺盛な労働力需要は、到底大都市圏内だけでまかなえるものではなく、地方圏から大都市圏へと大量の労働力が移動し

た。日本の雇用システムは、長らく新規学卒者の一括採用に特徴づけられてきた。高度成長期の以前に主な労働力の供給源であった新規中卒者、高卒者については、就職に際して学校が職業紹介機能を担うことが制度化されていた（苅谷 1991；苅谷ほか 2000）。地方圏の中学、高校は、若年労働力と大都市圏の雇用機会の架け橋となり、結果として地方圏から大都市圏への労働力移動が円滑になされる基盤を用意した。

現実には、職を点々とする者、あるいは故郷に帰ってしまう者もいたが、長期安定雇用は日本における雇用のあり方の理念あるいは規範として作用した。企業は外部労働市場から即戦力を調達するよりも、OJT による従業員の技能形成を重視し、内部労働市場の充実を図った（小池 1999）。また、長期安定雇用は生活保障的な性格の色濃い年功賃金と不可分に結びついていた。日本の雇用システムの特徴を表現する「日本的雇用体系」や「終身雇用」という言葉は、平均勤続年数なり賃金プロファイルの傾きなりといった統計数値にみられる特徴を指し示すと同時に、ある時代のライフコースの特色を喚起する言葉であったといえる。

本書のⅢ、Ⅳ章が対象とする製造業研究開発技術者のライフコースは、上記のような日本的雇用体系が含意するライフコースを体現している。研究開発技術者は、ほとんどが大学や大学院を卒業しているが、やはり地方圏出身者が多い。しかも研究開発技術者のうち、就職で大都市圏に流入した者の 90% 以上は、同時代の中卒者、高卒者と同じように、学校を経由して就職先を決定していた。就職先の多くは大企業であり、ひとたび就職した後に転職する者は少なく、まさに長期安定雇用の下にあった。彼らは、時には転勤などを経験しながらも、ひとつの企業内で職業キャリアを形成してきた。それと平行して世帯を形成し、福利厚生の恩恵を受けながら転居を重ね、主として郊外に持家を取得して、大都市圏の住民として根を下ろしていった。

研究開発技術者は日本の産業競争力を担う重要な人材であり、その重要性はますます増大している。したがって、彼らの職業キャリアおよびライフコースを分析し、そこに見られる特徴を明らかにすることは、それ自体が重要な学問的営みであり、職業キャリアに関してはすでにいくつかの先行研究がある

（石田編2002；榊原1995など）。しかし、本書が研究開発技術者のライフコースを分析対象とするに当ってそれ以上に重視するのは、それが日本的雇用体系の下で形成されたライフコースの理念的な姿であるということである。つまり筆者は、製造業研究開発技術者というやや特殊なレンズを通して、特定の社会経済的背景の中で形成されたライフコースが示す一般的な特徴を見つめてみたいと考えるのである。

　日本的雇用体系下におけるライフコースは、大企業や官公庁の中核的な人材にとっては今後も主要なライフコースの類型として残存し続けるだろう。しかし冒頭で示したような厳しい雇用情勢の中にあっては、その比重は必然的に低下せざるを得ない。1999年から2004年の間に雇用増加が最大であった産業小分類が「労働者派遣業」であったことは、それを暗示している（表Ⅰ-1）。公共事業の縮小や流通の再編を反映して、土木建設関係の業種や各種卸売業が大き

表Ⅰ-1　雇用の増加・減少が顕著な産業小分類（1999〜2004）

	順位	番号	産業小分類	雇用増減（人）	増減率（％）
上位	1	90A	労働者派遣業	419,152	209.4
	2	57B	他に分類されない飲食料品小売業	352,738	48.7
	3	571	各種食料品小売業	174,528	23.7
	4	391	ソフトウェア業	142,018	31.4
	5	90B	分類されない事業サービス業	108,268	28.9
	6	601	医薬品・化粧品小売業	104,563	29.2
	7	732	一般診療所	103,553	16.1
	8	731	病院	97,440	7.7
	9	904	建物サービス業	70,292	10.6
	10	753	児童福祉事業	56,970	24.6
下位	1	062	土木工事業	−268,913	−24.0
	2	57A	料理品小売業	−252,856	−34.0
	3	061	一般土木建築工事業	−147,045	−25.9
	4	121	織物製外衣・シャツ製造業	−121,377	−40.7
	5	604	書籍・文房具小売業	−110,848	−14.1
	6	671	生命保険業	−108,977	−24.8
	7	70C	西洋料理店	−93,240	−24.3
	8	064	建築工事業	−88,655	−21.0
	9	54B	他に分類されないその他の卸売業	−87,925	−15.2
	10	512	食料・飲料卸売業	−86,809	−14.5

資料：事業所・企業統計により作成。

く雇用を減少させるなかで、顕著な雇用増加を示している産業は、高齢化を反映した医療や福祉関連の産業や、具体的なイメージのわきにくい業種に限られている。そうした状況にあって、ソフトウェア業は雇用増加が大きな産業の1つとなっている。

本書の実証編第2部というべきV、VI、VII章では、地方圏に舞台を移し、ソフトウェア産業の情報技術者（V章）、インターネット関連企業従事者（VI章）、およびインターネット関連企業の経営者（VII章）のライフコースを分析対象とする。第2部の対象者はいずれも情報サービス産業で働く人々であり、システムエンジニアやプログラマーなど技術者の職に就いている者が多い。そこで本書では、V、VI、VII章の対象者を包括的に指す言葉として、情報技術者という言葉を使っている。研究開発技術者の場合と同様に、本書においては、情報技術者が現在の主導産業を担う人材であるということよりも（それも重要であるが）、彼らの職業キャリアおよびライフコースが、今日の職業キャリアおよびライフコースの特徴を典型的に有していることを重視する。

すでに述べたように、日本の雇用システムを特徴づけてきた新規学卒者の一括採用とそれに続く長期安定雇用は揺らぎつつあり、今日の職業キャリアは転職を前提としたものにならざるを得ない。企業は、必要な技術や経験、知識を持ち、即戦力となりうる人材を必要な時に必要な量だけ調達し、労働力について量的フレキシビリティと質的フレキシビリティを達成することを模索している。こうした状況では、企業間を渡り歩き、多様な仕事を経験することを通じて自らの手で職業キャリアを組み立てることが求められる。また、自ら起業することも1つの選択肢となる。転職を前提とした職業キャリアは、個人の側からすれば1つの企業に縛られることなく自分の仕事の場所、生活の場所を選択できる可能性を広げてくれる側面を有する。その反面で、今日の労働市場の変化は、日本的雇用体系が保障していた雇用の安定・生活の安定を、人々から奪い去ってしまうという側面も有している[7]。

高い流動性を前提とする労働市場は、個人のライフコースに正の影響も負の影響も与えうる。正負どちらの影響が卓越するかは、時と場合、そして個人によって異なるであろう。また、長期安定雇用といえる条件下で働く者は、今日

でもかなり存在する。いずれにしても、かつての日本的雇用体系が崩れ、労働市場がフレキシブルなものに変化しつつあるという言説は、いたるところで見られる。そうした言説に接することが続けば、企業も個人もそのイメージに引き寄せられ、日本的雇用体系の脱構築と、転職を前提とした職業キャリアは規範化・理念化し、実態面の変化にいっそうの拍車がかかることになる。まさに、高度成長期に日本的雇用体系とその下での長期安定雇用が規範化・理念化していったのと同じプロセスが、方向を逆にして起こっているのである。

現代の主導産業といえる情報サービス業が、高度成長期の主導産業であった製造業と大きく異なる点は、立地自由度の高さである。オイルショックによって、高度成長期が終焉を迎えると、地方圏から大都市圏への人口流入は激減し、「地方の時代」が喧伝されるようになった。これに対応して、製造業の企業は、大都市圏に本社機能を残したまま、生産拠点を地方圏に展開し、企業内地域間分業体制を構築した（友澤1999；末吉1999）。地方圏への生産拠点の展開については、雇用機会の増加に対して一定の評価を与える声がある一方で、「頭脳なき分散」、「発展なき成長」（安東1986）といった否定的な意見も強かった。こうした状況に対応すべく、1980年代には、いわゆる「ハイテク産業」を地方圏に分散させる政策が打ち出された。そのなかで、情報サービス産業は、単なる「手足」ではなく「頭脳産業」として、地方圏の地域経済振興と雇用確保に中心的な役割を果たすことが期待されてきた。

そうした期待が情報サービス産業にかけられたのは、若年者の地元定着志向が高まるなかで、情報サービス産業が高学歴者にとって相応しい雇用機会であり、なおかつ製造業などに比べて立地自由度が高い産業であるとみなされたからであった。高度成長期の終焉と時を同じくする大都市圏への人口流入の急減は、それに先んじて起こった出生率の急減により、地方圏に「潜在的他出者」（伊藤1984）がいなくなったことに起因する。それは、「長男・長女時代」が到来し、若年者の地元定着傾向が強まったことを意味する（山口ほか2000）。現在、東京圏の人口は転入超過を見せているが、その絶対量は高度成長期と比べると小さい。若年者の地元定着志向は今でも根強く、それを若年失業率の地域差の縮小を妨げる要因と指摘する声もあるほどである（太田2003；樋口

2004)。

　情報サービス産業の主な生産物であるデジタル情報財は、情報通信インフラが整っているかぎりにおいては、きわめて低いコストで移転することができる。さらにインターネットが登場し、それを活用した多用なコミュニケーションがリアルタイムで行われるようになると、業務遂行上必要な対面接触は相当程度インターネットによって代替され、情報サービス業の立地自由度はいっそう増大するものと期待される（伊藤監修 1999）。また、情報サービス産業では多くの場合、大がかりな生産設備は必要ないため、製造業よりも低いイニシャル・コストで、あまり場所を選ばずに起業ができる。実際に、自室にあるパーソナルコンピュータ1台から、ビジネスをスタートさせた起業家も少なくない。

　情報通信技術の長足の進歩とそれに伴う情報サービス産業の発展は、少なくとも原理的には、働く場所を自由に選択できる可能性、すなわち生活の場所を自由に選択できる可能性を高める。リピエッツは、従来のフォーディズムに変わるオルタナティブな社会のあり方を模索するなかで、「自らの地域で生活し労働する権利」の確立が重要であるとしている（Lipietz1992：329、1994：348）[8]。フォーディズムにおける主導産業である製造業に代わり、ポスト・フォーディズムにおいて主導産業になると目される情報サービス産業は、「自らの地域で生活し労働する権利」を担保してくれる雇用機会として、どの程度期待できるものなのだろうか。本書では、情報サービス産業が地方圏に根付きつつあることを踏まえ、地方圏における情報技術者と情報サービス企業の経営者のライフコースを通じて、1つの企業に長期勤続することにとらわれず、「自らの地域（主として地方圏出身者の出身地）で生活し労働する」ライフコースが成立する可能性を考えてみたい。

注
1)　本書でいう日本的雇用体系とは、企業内での職業キャリアの形成を重視し、新規学卒者を一括採用して、年功賃金と充実した企業福祉の元において長期的に安定した雇用契約を取り結ぶことを基本とする雇用体系である。
2)　学校基本調査によれば、2006年3月の卒業者のうち進路が「左記以外のもの」（実質的

には無業とみなされる）であった者の割合は、大学が 14.7%、高校が 5.7% である。
3) 時間地理学については、荒井ほか編訳（1989）荒井ほか（1996）を参照。
4) 女性については、「親や配偶者の移動に伴って」の 30.5% が県間移動の最大の理由であり、これに「結婚・離婚」（18.1%）が次ぎ、「職業上の理由」（17.1%）は 3 番目であった。このように女性は随伴移動者となることが多いのであるが、移動の当事者である親や配偶者の多くは「職業上の理由」から移動していると考えられることから、広い意味では女性についても地域間人口移動の主な要因は仕事に関連する事象であるといえる。
5) 中澤・神谷（2005）では、本書とはやや異なる観点から、個人のライフコースを空間的な視点から分析することの本質的な重要性について述べている。地理学におけるライフコース研究の意義に関しては、本書 II 章における考察と中澤・神谷（2005）の考察を統合する形で、稿を改めて論じたいと考えている。
6) 平成 17 年度科学技術白書によると、2003 年の日本における企業等の研究者数は 45 万 8,845 人である。また、2005 年の国勢調査（抽出速報集計）によれば、全国のシステムエンジニア数は 77 万 3,600 人、プログラマー数は 7 万 5,900 人である。
7) この点に関連して、Allen and Henry（1997）は、Beck（1992）の議論に依拠しつつ、フレキシビリティという言葉が価値自由でないことを指摘している。たとえば、非正規雇用の活用は、企業の立場からすれば労働力需要に柔軟に対応できる肯定的な事象であるが、それは労働者の側からすれば失業のおそれや細切れの労働時間に直面する否定的な事象になりうる。Allen and Henry（1997）は、フレキシビリティという言葉は常に企業の立場から見た場合に使われるのであって、労働者からみれば、それはリスクに過ぎないと断じている。
8) この点については、すでに奥田（2001：14-17）が注目している。

II

本書の研究視角
―― ライフコース概念について ――

　本書のここまでの部分では、ライフコースという言葉を単に人の一生を意味する一般的な言葉として使ってきた。しかしライフコースという用語は、個人の一生を意味するだけでなく、人の一生に対する特定の認識論的立場を指して概念的に使われる。ライフコースの概念は、発達心理学と社会学の境界領域で発展してきた概念であり、研究者によって意味する内容がかなり異なっている。ここでは類似の概念との相違点を指摘しながら、本書においてライフコース概念の意味するところを明確にし、この概念を導入する意義を述べる。

1. ライフサイクル概念とその問題点

　従来個人や世帯の経歴は、主としてライフサイクル概念の下でとらえられてきた[1]。社会科学におけるライフサイクルとは、生命体の一生に見られる規則的な生物学的推移を、生活・家族現象における推移の面からとらえなおしたものである（森岡・望月 1987）。ライフサイクル概念は自然科学的な発想から誕生したため、それに基づく研究は必然的に一般性を志向したものになった。ライフサイクル概念に依拠した研究（ライフサイクル研究）は、主として加齢とともに個人・世帯が示す状態の変遷を科学的に記述し、そこに見られる規則性を帰納的に導出することに力を注いできた。地理学では、ライフサイクル概念は主に家族段階の推移に伴う世帯の住み替え行動の分析に適応され、居住地や住居形態の変化と家族段階の対応関係を明らかにしてきた[2]。ライフサイクル概念が地理学に導入される嚆矢となったのは、欧米においては Rossi の論文

(Rossi 1955)であり、日本においては渡辺の一連の研究（渡辺 1978a、b）であった。これらの論文が発表された年を見ると、一般性を志向するライフサイクル概念の地理学への受容が、計量革命に代表される論理実証主義の隆盛という時代の空気と密接な関係を持っていたことが納得できるだろう。

　計量革命は、自然科学の認識論を社会科学に敷衍することが可能であるとの前提に立っておし進められたが、のちにその前提そのものに疑問が投げかけられ、次第に批判の対象となっていった。概念成立の端緒を生命体の一生という自然現象に負っているライフサイクル概念も、多くの批判にさらされた。ライフサイクル概念では、個人や世帯の状態変化の営力は、基本的に生物学的な加齢に求められ、時間の経過に伴う社会経済的背景の変化が個人の一生にもたらす影響は重視されなかった。ライフサイクルの経年的な変化に注目した研究もあるが、長期的な変化トレンドを抽出すること、言い換えればライフサイクルの歴史的変化の法則性を明らかにすることに重点が置かれ、社会経済的背景の変化と観察されたライフサイクルの変化がいかにして結びつくかが問題にされることは少なかった。もとより、景気変動といった中短期的な環境変動や特定の歴史的出来事が個人や世帯の生活にもたらす変化に対する視点は弱かった。つまりライフサイクル概念のはらむ第1の問題点は、加齢という生物共通の内在的な動因を重視する反面、社会や経済の変動といった外在的な要素が人間の人生に及ぼす影響を、十分に考慮する契機を備えていないことである。

　ライフサイクル研究の第2の問題点は、人間が主体的な意思決定によって自らの人生を作り上げてゆく力を軽視していたことである。ライフサイクル概念に依拠した居住地移動研究では、都心周辺部から郊外への住居移動を、世帯の成長に伴う居住空間の拡大欲求と関連付けて説明する。そのことを大都市圏内の地価が都心から郊外へと低下する同心円構造をなすことと関連づければ、都心周辺部から郊外へと向かう外向的移動が卓越することは合理的に説明できる。しかしこれでは、たとえば東京都港区に居住していたある世帯が、なぜ大宮市でも横浜市でもなく、千葉市に転居したのかを説明することはできない。近年子育てをする年代の世帯が都心にマンションを購入し、都心周辺の一部地域で保育園の不足が深刻化していることなども、ライフサイクル概念に依拠し

た居住地移動モデルの想定外にある。子供の教育環境や親の住居との近接性など、これまであまり重視されてこなかった要素が、居住地選択に与える影響を強めてきたことも報告されている（Smith 1998；若林 2004）。また、大都市圏内部であっても、世帯成員の転勤や転職が起こり、それが住居移動や持家取得の引き金になっていることも少なくない（佐藤・荒井 2003）。ライフサイクルは確かに住居移動を引き起こす営力の1つではある。しかし住居移動の時期や方向、具体的な居住地を決定付けるのは、個人や世帯の主体的な意思決定である。

　ライフサイクル概念はさまざまな問題を内包していたが、同概念に依拠した研究が、かなりの説得力を持っていたことも確かである。結婚や出産を経験しない者、あるいはそれを非常に早い、遅い年齢で経験する者はいつの時代にも存在するが、これまでは主要なライフイベントが起こる年齢が平均値からある程度の範囲内に収まってきたこともまた事実である。ところが労働市場における個人属性の変化である職業キャリアは、世代の再生産に関わるライフイベントほどには、年齢との対応関係が明確ではない。そもそもライフサイクル概念は、もっぱら生命体としての人間を存在論的基盤にしているため、それとは異なる原理に基づく職業キャリアの変遷を説明するにあたっては、必ずしも適さないのである。このこともまた、ライフサイクル概念の抱える問題点のひとつといえる。

2.　ライフコース概念とライフヒストリー

（1）　ライフコース概念の骨子

　ライフコース概念の学問的出自や問題意識は多様であり[3]、系譜上ライフサイクル概念の延長線上に位置づくものばかりではない。しかしライフコース概念がある程度の体系を持つようになり、実証研究への適用例が増えてくると、ライフサイクル概念を批判的に継承し、ライフサイクル概念が内包する問題点を乗り越えてゆこうとする姿勢が明確になってきた。

II　本書の研究視角——ライフコース概念について——

　まずは方法論的な批判とその克服の試みから紹介しよう。調査時点で20歳の者を調査して明らかになるライフサイクルは、彼が生まれてから20歳になるまでのものであり、彼が生まれてから50歳になるまでのライフサイクルを明らかにするためには、あと30年待たなければならない。そこでライフサイクル研究では、次善の策として合成コーホート法と呼ばれる方法がしばしば採用される。合成コーホート法では、ある特定の一時点における状態を記録した横断データ（Cross sectional data）を年齢集団ごとにつなぎ合わせ、そこからライフサイクルを抽出する。たとえば国勢調査の結果を利用して、世帯主の年齢が20歳代、30歳代、40歳代における主要な住居形態を調べることで、世帯の住居経歴を類推するといった方法である。こうした方法で構成されたライフサイクルはあくまでも架空のものであり、実在する個人が辿ったものではない。

　この問題点を克服するために、ライフコース概念に基づく研究（ライフコース研究）では個人を対象に質問紙調査や面接調査を行い、その人の記憶に基づいて、個人の過去の経験に関する縦断データ（Longitudinal data）を収集することが行われてきた。こうした記憶に基づく調査方法を、遡及法とよぶ。しかしこの方法では、データの正確さは対象者の記憶の確かさに左右される。とりわけ高齢者の少年期や若年期に関する記憶はあいまいになりがちであり、個人の人生を正確に把握することは、射程となるタイムスパンが長くなればなるほど難しくなる。そこで現在では、ある人口集団を対象として定期的に調査を行い、その人口集団に属する個人の状態の変遷を未来にわたって記録していくプロジェクトが各国で行われている。このようにして集められたデータは、パネルデータと呼ばれる。パネルデータからは、すでに数多くの研究が生まれているが、プロジェクトが実施されるようになったのは比較的最近のことであるため、研究の時間的射程は一般にさほど長くない。

　方法論的な違いにもまして重要であるのが、ライフサイクル概念とライフコース概念の認識論的な違いである。ライフコース概念では、個人の人生を職歴や家族歴、住居経歴など各種の経歴の束からなるものととらえる。加齢に伴う個人や世帯状態の変化は、ライフサイクル概念のみならずライフコース概念

でも重要な位置を占めるが、加齢による生物学的な変化よりも、歳をとることによってその人の社会における役割が変化することのほうに注目する。つまりライフコース概念では、「ある年齢にはそれ相応の出来事を経験すべきである」という年齢規範との関係において、加齢による変化をとらえるのである。ライフコース概念ではこれを「年齢効果」あるいは「ライフサイクル効果」と呼ぶ。

個人の人生を歴史的な時間における社会経済的背景とのかかわりでとらえることは、ライフサイクル概念とライフコース概念を弁別する最大の相違点である（高島ほか 1994）。ライフコース概念では、個人の人生が社会経済的背景からうける影響を、2つの異なった効果としてとらえる。「時代効果」は、ある時代における社会経済的背景が個人の人生に及ぼす一般的な影響を表現する。たとえば「第二次世界大戦は同時代人の生活を一様に困難なものにした」、といった作用が時代効果である。しかし同じ第二次世界大戦でも、小国民として戦時教育を受けた幼年層と、外地への出征を余儀なくされた青年層と、空襲警報を恐れつつ余生を送った老年層とでは、それが人生に及ぼす影響は大きく異なっているだろう。このように、ある時代において同じ年齢層で同一の社会経済的背景から受ける影響を、「コーホート効果」と呼ぶ[4]。

社会科学において、コーホートという言葉が特段の限定なしに使われる場合には、通常「同時出生集団」を意味する。しかし一般的な意味でのコーホートとは、「一定の時期に人生における重大な出来事を共通に体験した人々の集合」（弘文堂「社会学事典」：312）のことである。ライフコース研究は、コーホートを単位として個人の人生を社会経済的背景との関係の下で分析する。個人を無媒介に取り扱うのではなく、コーホートという媒介項を通して個人の人生を研究対象とするのである。そしてコーホートを単位として特定の時代におけるライフコースの典型的な姿を描き出し、その時代のライフコースがどうしてそのような姿になるのかを、社会経済的背景と関連づけて分析的に明らかにすることを目的としている。

I章において筆者は、研究開発技術者を高度成長期に日本的雇用体系の下でライフコースを歩んできた人々の典型例と位置づけ、情報技術者を日本的雇用体系が崩れつつあるなかで転職を前提とした職業キャリアを形成し、出身地で

生活を送るライフコースを模索する人々の代表例と位置づけた。つまり本書において筆者は、研究開発技術者や情報技術者を職業集団とみるよりも、広義のコーホートに類似したカテゴリーとしてみなして分析しようと試みるのである。そもそも、研究開発技術者と情報技術者というカテゴリーは時代による区分ではないから、こうした認識に対して批判の声が上がることは覚悟している。本書における筆者の試みが成功したのか否かは、本書を通読した読者の判断にゆだねるほかないであろう。

（2） ライフコース概念とライフヒストリーの相違

　ライフコース概念と類似した言葉に、ライフヒストリーがある[5]。ライフヒストリー研究では、一人ひとりの人間が生き抜いてきた固有の人生を最大限に尊重する。すなわちマクロな社会経済的背景と個人のライフコースの結びつきを、社会を形成する最小単位である個人のレベルで詳細に描き出す研究である。ライフヒストリー研究では、対象者が主観によって内面化した現実（生きられた経験）を口述から引き出すことにより、常に変化する外部環境に個人がどのように対応して生きてきたかを問題にする。社会学においてライフヒストリー研究の重要性を提唱した中野卓は、刻々と変化する現実を前にして、その人がいかに対処したかを理解するためには、その人のそれまでの人生を理解することが不可欠であり、それ自体が歴史を理解することであると指摘した（中野1981）。このことからわかるとおり、基本的にライフヒストリー研究の問題意識はライフコース概念のそれと似通っている。

　多様な現実に対処する多様な個人の人生の積み重ねが歴史を形成するとする中野の認識に異論はないが、ライフヒストリー研究には常に客観性や代表性に対する疑念がついてまわる。事実、ライフヒストリー研究に対する方法論的な異議申し立ては、ほとんどがこうした点に集中していた。客観性や代表性を高めるためには、一般にはある程度のまとまった数のサンプルをそろえる必要があるとみなされるが、長時間にわたる聞き取り調査を複数回行うというライフヒストリーの研究スタイル自体が、事実上それを不可能にしている。この欠点については、当事者であるライフヒストリーの研究者も自覚している。中野

はライフヒストリー研究を、「(質問紙等を用い量化測定的にとらえる) 調査方法では断念を強いられるほかないものを、「科学性」において劣るとの非難を覚悟の上で、それも大切と考え、とりにがすまいとしての企て」と述べ (中野 1981)、記念碑的著作である『口述の生活史』(中野編著 1995) についても「これは論文ではありませんが、私や私の同学の人々にとっては研究のための科学的資料」であると位置づけている。

こうした欠点を克服しようとして中野が取った方法は、ライフヒストリーの採取が聞き手である研究者の意識的な介入なしに行われたことを重ねて主張することであり[6]、こうした主張は多くのライフヒストリー研究者が共通して行っている。加えてライフヒストリーの記述に当たっては、対象者が「ごく普通」「平均的」「標準的」「同世代の○○同様の」人物であることを強調することが常套化している (桜井 1995)。つまりライフヒストリーの研究者は、自らの研究を客観性、代表性という定量的・実証主義的な研究と同じ基準のもとで評価し、その基準においてライフヒストリーの方法が定量的・実証主義的研究に劣っていることを認めていながらも、それに追いつこうと努力しているように思われる[7]。ライフヒストリーの技法は、地理学では定量的方法と定性的方法を組み合わせたアプローチであるマルチメソッド・アプローチ[8]のなかで使われることも多いが、やはり定量的方法の補助として位置づけられる場合がほとんどである (Winchester 1999)。

ライフヒストリー研究のような定性的研究は、定量的研究とは違った認識論的立場に立っているからこそ、定量的研究にはなしえない学問的な貢献ができるのではないだろうか。しかしこれまでは、ライフヒストリーを採用する当の研究者の側が、定性的分析のメリットを主張するに当たって定量的分析と同じ土俵に立ってしまっていた。それは結果的に科学性の程度 (すなわち量) において、定性的研究は定量的研究に劣っているという解釈を容認することにつながってきた。近年では定性的研究の本源的な意義を問い直す試み[9]が盛んになってきたが、いまだ一致した結論をみているわけではない。筆者自身も、現在ライフヒストリー的な調査手法に依拠した研究を積極的に手がけている。こうした試みの今後の展開を期待するとともに、自分自身でもライフヒストリー研究

が地理学において果たしうる積極的意義について考察を深めたいと考えている。

さて、主観的個人を前面に出すライフヒストリー研究に対して、ライフコース概念では個人の主体性を認めながらも、社会経済的背景から個人に働く力をより重視する。したがってライフコース概念に依拠した研究は、現実に対する主体の意思決定の個別性を強調することはしない。その点が口述による主観的な個人史に依拠し、生きられた経験の再構成を企図するライフヒストリー研究との最大の相違点といえる。ライフコース研究は個人の人生に焦点を当てるが、価値意識や理想像よりも、実際に個人や世帯が経験した行動や状態の変化に重きを置く。つまり客観的に把握可能な事実を中心に個人の人生を再構成するのである。一方で価値意識や理想像をまったく無視するわけではない。個人のもつ無限の多様性を追求する代わりに、人口集団としてのコーホートが固有に持つ価値意識や生活規範をコーホート効果の形で取り扱うのである。

分析単位としてコーホートを導入することにより、ライフコースを生活構造論あるいは社会変動論と関連付けて論じることが可能となった。社会学者である大久保は、次のように述べている。

> ライフコースが複数の経歴の束であるならば、それをある時点で輪切りにしてみると、その断面はその時点における個人のさまざまな生活領域のシステム、すなわち生活構造を示すことになる。逆に言えば、個人の生涯にわたる生活構造の変動過程こそがライフコースに他ならない。ライフコースをこのように定義することの戦略的な意義は、一つには生活構造論とライフコース論を連結させることが可能になる点にある。(中略)コーホート単位で見るならば、ライフコースもまた社会変動に影響を与える。特定のライフコース・パターンを選択する人々が増加すれば、社会構造はその要求にこたえて変動せざるを得なくなるからである。(大久保 1990：56-57)

特定の生活構造を成立させるのも、それを変動させるのも、煎じ詰めれば社会を構成する最小単位である個人である。しかし通常1人の生活活動から生活構造を抽出することはできない。また、特定の社会変動を理解する上で、キーパーソンのライフコースを参照することが有効であることは多いが[10]、逆に任意の個人のライフコースが単独で社会変動の主因となっていることはまれである[11]。生活構造は変動を続けていることから本来的な意味での構造ではなくパ

ターンであり、社会変動は法則ではなく傾向である。そして日常生活や人生のなかに存在するパターンや傾向は、コーホートを単位にすることによって初めてパターンや傾向として認識することができる。

　コーホート単位でのライフコースの変化は、もちろん社会構造の空間的側面としての地域構造にも変動をもたらす。高度成長期には、地方圏における余剰労働力の増大と大都市圏における旺盛な労働力需要の発生により、地方圏出身者が大都市圏に大挙して流入した。地方圏から大都市圏への人の流れはそれ以前にも存在したが、同時期には産業構造の大転換が人口規模の大きなコーホートの進学・就職の時期と重なったため、大都市圏への人口流入が未曽有の規模となった。その結果、大都市の過密と地方圏の過疎に代表されるように、地域構造に深刻なひずみをもたらすことになった。大都市圏へと流入した地方圏の出身者は、世帯を形成しそれを拡大させ、最終的には持家を取得して次第に郊外へと定着していった（川口 1997a、b、2000、2002；谷 1997）。活発な住宅需要は住宅価格を上昇させ、大都市圏の外延的拡大をおしすすめた（中澤・川口 2001）。こうして形成された郊外住宅地は、当初ベッドタウンとしての機能しか有していなかったが、次第に消費の空間（川口 1985）、あるいは生産の空間（佐藤 2001）としての機能を有するようになり、生活圏としての自立性を高めていった（川口 1990）。

　高度成長期に成立した地方圏出身者のライフコースが社会・地域構造に及ぼした変化は、きわめてドラスティックなものであったが、より規模の小さな変化は日常的に起こっている。たとえばマンションを購入する単身女性は、単身女性全体からすればきわめて少数である。しかしシングル女性に照準を合わせた物件を分譲する不動産業者が登場して好成績を収めているほか（若林ほか編著 2002）、金融機関もキャリア女性を優良な顧客と認識し、女性専用のローン商品を準備して不動産取得の後押しを始めている。単身女性のマンション取得という新しい現象も、それに対する認知度が高まれば、自然とそうした行動を取る女性は増加する。このように、ある類型のライフコースを選択する者がアノマリーとして片付けられない程度にまで増加すれば、社会は何らかの変化を迫られる。あるライフコースの類型に対する分析は、対象とする類型の量的な

多寡のみで評価されるべきではない。たとえ絶対数は少なくとも、あるライフコースを選択する者の登場が旧来の社会／地域構造を揺るがすものであれば、それを対象にする研究は十分な意義を持ちうるのである。

3. ライフコースの空間的把握と地域間分業

　本章を締めくくるに当たり、個人のライフコースを空間的軌跡として把握することの意義について述べておこう。人間の人生は現実の空間において営まれるので、当然それは空間的軌跡をなす。しかし個人のライフコースが必然的に空間的軌跡を描くことを指摘しただけでは、ライフコースの空間的次元に注目することの妥当性を説明したことにはならない。空間において生起しているすべての現象について、空間的次元を加味した分析をしなければならないわけではなく、本質的でなければ捨象したほうが実り多い成果が期待できる場合もあるからである。

　ライフコース概念において、人生はさまざまな経歴の束として認識される。時間の経過に伴って、個人はそれぞれの経歴においてある地位（職業、役職、家族的地位、学歴、住居形態など）から別の地位へと移行する。それぞれの経歴において、それぞれの地位に至る機会は、地理的に偏在している。ある種の職業に就くことができる機会、一戸建ての持家を取得できる機会、特定分野の高等教育を受けられる機会など、ライフコースを構成する経歴上のあらゆる機会は、地理的に偏在している。このうち、人々のライフコースにもっとも大きな影響を与えてきたのは、就業機会の地理的偏在であるといえよう。ある地域で一生を送りたいという希望がいかに強くても、持続的に生活してゆける収入をもたらす就業機会をその地域で得られないならば、その人は他地域への移住を余儀なくされるからである。

　周知の通り、労働市場は年齢、性別、スキルなどによって細かく分断されており、ある個人が職を得やすい就業機会はおのずと決まってくる。したがって就業機会の地理的偏在を量的側面のみから論じるのは不十分であり、質的偏在

がライフコースに及ぼす影響も検討する必要がある。高度成長期以降は、地方圏においても就業機会が量的に拡大し、「地方の時代」という言葉がもてはやされもした。しかし地方圏で誕生した就業機会は、建設業や製造業における現業職が中心であり、雇用条件も低位なままであったため、農業との兼業を含む多就業構造が維持された（友澤 1999；末吉 1999）。一方地方圏では高学歴者に相応しい就業機会は不足したままであったため、高学歴者は大都市圏へと選択的に流出し、結果的に教育水準の地域格差は維持された（中川聡史 1996；川田 1992）。

　就業機会に代表される諸機会の偏在は、ライフコースを歩んでゆく上での強い制約となる。しかし時には、人々のライフコース上の意思決定がこうした制約を突き崩す力を持つこともある。1980 年代に起こった情報サービス産業の地方圏展開は、地方圏出身者の出身地定着志向が高まりをみせたことに対し、従業員のかなりの部分を地方圏出身者に依存していた大手ソフトウェア企業が危機感を抱いたことが主な要因の 1 つとなっている。本書のⅤ章はこのことを具体的に検討している。人々が自らのライフコースのあるべき姿を思い描き、それに向かって行動することは、ライフコースにまつわる諸機会が地理的に偏在している状況を変えていく力となりうるのである。

　ライフコースは様々な経歴の束であるが、それは相互に独立した経歴が無関係に束ねられることによって 1 本のライフコースとなっているわけではなく、それぞれの経歴が有機的に関連してライフコースという総体をなしている。就業機会の選択と住居の選択は、通勤可能性という基準のもとで相互規定的に行われる。職業キャリアにおける地位達成はかなりの程度学歴に規定されているが、どの程度の学歴を得られるかは、個人の住居経歴の出発点である出身地がどこであるかに多少なりとも左右される。女性にとって、結婚して「妻」となり、出産によって「母」となるという家族的地位の変化は、職業キャリアに大きな影響を与えるが、その度合いは、職住近接が確保され生活利便性の高い都心に住んでいるか、満員電車での長時間通勤が必須である郊外居住であるかによって大きく異なる。これらの例から、空間的側面を顧慮することなしには、さまざまな経歴の有機的連関としてのライフコースを十全にとらえることが不

可能であることが納得できるだろう。さらに、ある人のライフコースは、家族をはじめとするほかの人のライフコースに影響を与えたり与えられたりしながら構築されてゆく。共働き世帯では、夫婦どちらかの転勤は、もう一方に仕事を辞める決断をさせたり、別居という家族の在り方を選ばせたりする。結婚や出産は女性が仕事を続けることを難しくするが、たまたま近くに親が住んでおり、なにくれとなく手助けをしてくれるならば、就業継続は相対的に容易となる。時が経って親が高齢化した時には、逆に子供のほうが同居して介護者という役割を担う場合もあるだろう。

さまざまな経歴のからみあいであるライフコースは、就業機会をはじめとするさまざまな機会の地理的偏在という条件の中で、他人のライフコースと響きあいながら作り上げられてゆく。そのプロセスにおいて、空間的次元は本質的に重要である。だからこそ、本書はライフコースの空間的軌跡を問題にするのである。

注
1) ライフコース概念の系譜や日本における受容過程に関しては、クローセン（1987）、森岡・青井編著（1985）、森岡・青井（1987）などを参照のこと。
2) 都市内の住居移動に関する既存研究は、中澤・川口（2001）において紹介されている。
3) 例えば、発達心理学的な性格が強いクローセン（1987）、ライフコースを通じた社会史・家族史の解明を試みるハレーブン（1990）、特定の歴史的出来事がライフコースに及ぼす影響に注目するエルダー（1986）などである。
4) 以上3つの効果を完全に分離することは、原理的に不可能であるとされる。そのことを指摘した上で、藤田（1984）は3つの効果を操作的に分離しようとするさまざまな試みを紹介している。
5) ライフヒストリー研究については、中野編著（1995）、中野・桜井編（1995）、プラマー（1991）などを参照。
6) 中野編著（1995）の「はじめに」を参照。たとえば「この面接の場合、私は始めの挨拶と初めの問いかけ以外、いつも、ほとんど発言の必要がありませんでした。話は、問わず語りにひとりでどんどんと展開し、私はほとんど問いを重ねる必要もないほどでした。長時間に及んで、あとで彼女に疲れが出てきてはと心配して辞去しようとする私の発言が二度、三度、かさねて録音されるまでは、私はもっぱら聴き手で、ときおり、自然と発してしまう共感の声があるだけと言っていいくらいでした。面接調査者としての、かまえた設

問や、不自然な相槌の発言などは、する気にもならなかっただけでなく、必要もなかったのです」(p.5) 続けて中野はこう記している。「しかし、これが、私という人間を相手としてお婆さんが話して下さったことだという事実は、科学的にこの話を分析するさいには考慮に入れなければならないでしょう」中野は、聞き手の存在はライフヒストリーを分析するに当たっての夾雑物であると認識していることになる。

7) 地理学においても、Baxter and Eyles（1997）などは同様の問題に陥っているように思われる。

8) 地理学におけるマルチメソッド・アプローチについては、McKendrick（1999）において整理されている。

9) 代表的なものを挙げると、グレイザー・ストラウス（1996）、佐藤（1992、2002）、沼上（2000）などである。グレイザー・ストラウス（1996）の原著は30年以上前に書かれているが、そこで提示されるグラウンデッド・セオリーという考え方、すなわち適切に選択された対象に対する調査（理論的サンプリング）に基づいて比較分析を継続的に進め（絶えざる比較）、新たな分析を必要としない段階（理論的飽和）にまで知見の統合度を高めることにより、領域に密着した理論を生成すること、が日本において活発に議論されるようになったのは、訳書が出て以後のことといえる。グラウンデッド・セオリーについては、木下（1999）に詳しい。

10) たとえば御厨（2002）は、政治家などの口述記録（オーラル・ヒストリー）を通じて、重要な政策的意思決定がなされるプロセスを明らかにしている。

11) 湯澤（2001、2002）はライフヒストリーを地理学的研究に明示的に適用した数少ない研究者である。湯澤は産地の変動は産地外部の社会経済的背景の変化のみによっては説明されないとし、家族経営のあり方の変化にも目を向ける必要性を主張している。その主張はもっともであるが、結婚や出産など、対象者の人生に固有のイベントを産地の変動と無媒介に関連付けているなど、論理的に再考すべき点が多い。

III

製造業研究開発技術者の新規学卒労働市場
―― 労働市場の空間と制度 ――

1. 問題の所在

（1） 新規学卒労働市場とライフコース

　新規学卒時の就職に伴う労働力の地域間移動は、労働市場全体における労働力の地域間移動の大きな部分を占める。したがって労働力の地域的分布に大きな影響を及ぼすものであり、地方圏から大都市圏への労働力の流入が著しかった高度成長期には、新規学卒者に注目した労働力移動の研究が盛んに行われた（塚田 1961；菊池 1963；川崎 1963）。これらの研究を含め、労働力に関する多くの地理学的研究に共通する認識は、「生産機能の配置には労働力の配置が必ず対応する」（山口 1979a：2）という点にある。そのため、高度成長期には工業労働の大都市圏への流入、オイルショックから1980年代ごろまでは製造業の地方分散とそれに伴う地域労働市場の再編（赤羽 1975、1980；岡橋 1978；末吉 1989、1991；友澤 1989a、b）、1980年代以降はサービス経済化などの産業構造の転換と人口移動の関係（石川 1991、1994；石川編著 2001；磯田 1995）と、その時代の主導産業の移行に伴って、労働力移動に関する研究の論点も移行してきた。これら一連の研究は、労働力の流入を受け入れる地域や労働力を需要する企業がまず存在し、そこに必要な労働力が供給されるが、もし需要と供給が一致しなければ労働力の移動が発生するという認識に立っている。

　本章も労働力移動に関する地理学的研究の系譜に位置づけることができる。しかしここでは、人の移動を地域やそこに立地する企業の労働力獲得の側面か

ら見るのではなく、労働者個人のライフコースにおける問題とみる。したがって本章における新規学卒時の就職は、個人のライフコースにおける重要な画期となるイベントと位置づけられる。なお本章では、新規学卒時の就職を単に就職という言葉で表現する場合がある。

　個人のライフコースが親から独立したものとなるのは、一般に経済的な自立が可能となる新規学卒就職時からである。就職に伴って離家を果たした場合、個人のライフコースは空間的にも親から独立した軌跡を描き始める。「経済活動の配置には労働力の配置が必ず対応する」ことの裏返しとして、ある個人のライフコースの空間的軌跡は、その時代の雇用機会の分布から強い影響を受ける。雇用機会の分布は産業や職業ごとに異なり、それぞれの雇用機会はそれに適合する労働力が限定されている。新規学卒労働市場においては、雇用機会と労働力の適合関係がほぼ学歴によって決定されるが、学校の所在地域や出身地域にその人の学歴に見合った雇用機会が存在するとは限らない。本章の対象者である研究開発技術者は理工系大学・大学院卒の卒業者がほとんどであり、学校の所在地域と雇用機会の空間的ミスマッチが大きい職種の典型例である。

　日本の企業は職場での訓練による技能形成（OJT）に重きを置く。新規学卒時に大企業に就職することができた者は、さまざまな職場を経験しながら技能形成をする機会と、年功的な賃金体系の恩恵を、長期雇用の下で同時に受けることができる可能性が相対的に高い。OJTによって体得できるのは企業特殊的な技能が多いとされるが、汎用性のある技能も少なからず含まれている。したがって一部の専門職を除けば、転職の際も、OJTの機会に恵まれた大企業勤務経験者のほうが有利である。こうして新規学卒時の就職は、単に卒業直後の就職先だけでなく、その後の職業キャリアにわたって重大な影響を及ぼすことになる（玄田1997、2001）。

　ライフコースは生涯にわたる日常生活の連鎖であり、日常生活の質はその人が労働市場において占める位置と無関係ではない。新規学卒時の就職が職業キャリア全体にわたって影響を及ぼすということは、それがライフコース全体に影響を及ぼすということに他ならない。つまり新規学卒時の就職は、個人のライフコースを空間的にも質的にも規定するきわめて重要なイベントなのである。

（2） 研究開発技術者の労働市場に関する既存研究

　前節では新規学卒労働市場を考察の対象とする一般的な意義について述べたが、本節では研究開発技術者の労働市場に関する既存研究を整理し、その系譜の中に本章を位置づける。

　既存研究の労働力に対する視点が主に地域や企業の側からのものであったことは、研究開発技術者についても同様である。たとえばAppold（1998、2001）は、合衆国における半導体産業の研究開発機能の立地変動を、研究開発技術者の特定地域への流入と関連づけて分析した。それによると半導体産業の勃興期には、今日同産業の研究開発機能が集積するシリコンバレーには企業や技術者の分布がほとんど見られず、研究開発機能は大西洋岸中部に一極集中していた。しかし大西洋岸の半導体企業は企業組織上の不備[1]によって企業の内部に優秀な人材を抱え込んでおくことに失敗し、転職に付随した研究開発技術者の地域間移動が起こった。その結果、シリコンバレーやロサンゼルス、オレンジカウンティといった西海岸の諸地域に半導体技術者が集まっていったとされる。

　半導体産業に限らず、欧米の研究開発技術者は頻繁に企業間を移動するため（Saxenian 1994）、転職に伴う研究開発技術者の地理的移動に関する研究が積み重ねられてきた。たとえばBraff and Ellis（1991）は、合衆国のセンサスデータの分析から、研究開発技術者が西海岸の諸都市に流入していることを示している。防衛関連産業の立地と研究開発技術者の移動を関連づけて分析したCampbell（1993）は、防衛関連産業の立地変動に伴って技術者が北東部から西海岸へと移動したことを示している。また、Angel（1989、1991）はシリコンバレーにおける一連の研究から、企業間の技術者の移動は全米スケールで起こっているが、特定の都市間での移動が卓越し、特にシリコンバレーではポストの空席が地域労働市場内部からの調達によって埋まっていることを明らかにした。

　さらに欧米では、研究開発技術者は良好な居住環境を志向する人口集団であるという認識がある（Massey1995a；Malecki 1989）。したがって研究開発技術者の居住地選好を把握し、彼／彼女らの流入と定着が期待できる地域に事業

所を立地させることは、企業にとっても、それが立地する地域にとっても、優位性を高めることにつながる。このような観点から Malecki（1984）は研究開発技術者の居住地選好が企業立地に影響を与えうることを指摘するとともに、客観的な生活環境の充実よりも、むしろその地域が研究開発技術者にとって似つかわしい居住地であるという主観的評判のほうが重要であるとした。また Malecki and Bradbury（1992）では、アンケート調査に基づいて企業側と技術者のそれぞれが理想とする研究開発機能の立地条件（生活環境も含む）を比較し、両者が理想的とみなす立地条件に乖離があることを見出している。

　生活環境の整備と研究開発機能の立地誘導を政策的に関連付けた好例が、まさに日本に存在する。テクノポリス政策やハイテク型の工業団地は、良好な生活環境のもとでの職住近接の実現と、研究開発機能の地方圏分散の達成の責を同時に負っていた（伊東 1998）。しかし日本の研究開発技術者には、転職率が他の先進諸国と比較して目立って低いという特徴がある[2]。そのため、いかに良好な居住環境を併せ持ったサイエンスパークを整備しようとも、そこに自分の勤務する会社の研究所が立地し、なおかつ自分がその研究所に配属されない限りは、そのサイエンスパークに転居することを考える研究開発技術者など、ほとんど存在しないのである。研究開発技術者にとっては、新規学卒時に特定の企業に入社した時点で、勤務地の候補は通常数か所程度に絞られることになる。したがって日本において地域的観点を交えつつ研究開発技術者の労働市場を分析しようとする場合、人的資源としての研究開発技術者の地域的配分を考える視点からも、個人としての研究開発技術者のライフコースを考える上でも、新規学卒労働市場に注目して分析を進める意義はきわめて大きい。

　研究開発を遂行するには、企業内外のさまざまな組織との情報交換が不可欠であり、特に対面接触による情報の伝達が重要である（荒井 2000）。そのため研究開発機能の大部分は大都市圏に立地することになり、地方圏に整備されたテクノポリスや各種工業団地のほとんどは、所期の目標を達成することができなかった（塚原 1994）。研究開発技術者が大都市圏に集中しているのは、研究開発機能の立地に対応したものであるが、研究開発技術者を労働市場に送り出す理工系高等教育機関は、文科系に比べて全国に分散立地する傾向にある。こ

れは日本の高等教育政策の歴史と関連している。戦前期の日本の高等教育は、帝国大学、官立実業専門学校、私立専門学校を主体としていたが、それらは明確な地域的・質的な階層構造を伴って展開していた。すなわち帝国大学は、国家的エリートの養成にあたる総合的な研究教育機関として大都市および地方中核都市に置かれ、官立実業専門学校は、技術者を中心とする各種の実務的な人材の養成に当たる専門教育機関として全国に分散配置された。いっぽう私立専門学校は、拡大する教育への需要を満たすため大都市に集中的に設立され、法文科系教育を中心とする高等教育の量的拡大の先兵となった（清水編1975）。

理工系高等教育機関が相対的に地方圏に分散して立地する傾向は、戦後も温存された。高度成長期の到来は、それを支える技術系の人材を育成する必要性を高めた。そこで1960年代には国公立大学の理工系学部の集中的拡充が進められたが、教育機会の地域的均等の達成と大都市圏での大学の立地抑制を同時に達成しようとしたため、文科系学部に比べて理工系学部では地方圏に立地するものが多いままになったのである（金子・小林2000；矢野2001）。

地方国公立大学の理工系学部は、地元への人材供給を期待され続けてきたが、研究開発技術者の雇用機会は大都市圏に集中している。つまり研究開発技術者の供給地点である理工系高等教育機関と、その就職先である研究開発機能の立地は空間的に乖離しているのである。しかし現実には、研究開発技術者の多くは大都市圏に就職し、そこで生活を送っている。本章の基本的な問題意識は、理工系高等教育機関と研究開発機能の立地上の不一致が、新規学卒時の人の移動、すなわち個人のライフコースにおけるイベントによって乗り越えられている点に向けられている。その問題意識に対し、従来どおりの企業や地域の視点からの答えだけでなく、個人のライフコースに即した答えも用意することを試みる。それを達成する手立てとして、ここでは個人と雇用機会を結びつける紐帯に注目して分析を行う。

理工系の大学や大学院を卒業した研究開発技術者の「卵」たちは、研究開発機能が集中している大都市圏に移動した後に職探しをするのではない。すでに何らかの経緯で入社する企業が決まっており、それに引き寄せられるかたちで

移動するのである。したがって、研究開発技術者が東京圏に集中するプロセスを理解するためには、空間的に乖離している個人と就業機会のマッチングを媒介している紐帯を明らかにすることが重要になる。ここでは、就職先企業を決定するに至る直接の経緯をその個人と特定企業を結びつけた紐帯ととらえ、実質的に人の流れを引き起こし、方向づけるものとして分析する。加えて個人のライフコースにおいて重要な意味を持つ新規学卒時の就職先が、何によってどのように決定されるかという観点から、紐帯に関する議論を膨らませてゆく。さらに就職先の決まり方の差異すなわち紐帯の差異によって、その先に結わえ付けられた就業機会にどのような差異が出てくるのかについても論じてみたい。

（3） 調査の概要

　以上の研究目的を達成するためには、研究開発技術者のライフコースをトレースできるデータが不可欠である。こうしたデータを官公庁統計や既存調査に求めることは難しい。そこで、本章では、アンケート調査によって得たデータに基づいて分析を行う。調査対象者の選定には、1997年発行の日本機械学会名簿を用いた[3]。

　調査に際しては、まず学会名簿から住所が神奈川県および東京都（市部）で、かつ名簿に記載された勤務先についての情報から民間の企業・機関に所属していることが明らかな会員を抜き出し、郵送のためのリストを作成した。東京圏のうち、ここで居住地を神奈川県と東京都に限定したのは、研究開発機能の立地には業種による地域的な偏りがあり、機械関連の研究開発機能は東京圏でも特に両都県に集中しているためである。なお、本章では調査能力上の限界に鑑みて、東京都区部を対象地域から除外している。大都市圏の都心部の中枢管理機能、地方圏の量産工場という立地特性との関係でいえば、それらを結びつける機能を担う研究開発機能（関1991）は、大都市圏郊外への立地展開を特徴としている。必ずしも対象者の勤務地域が居住地域と一致するとはいえないが、研究開発機能の特徴的な立地点である郊外地域を対象地域とした方が、研究開発の現場にたずさわってきた研究開発技術者を効率的に捕捉できると判

断したため、東京都市部および神奈川県を対象地域とし、東京都区部を除いた。本章は研究開発技術者の就職の過程を分析することに主眼を置いているため、東京都区部を除外することが分析上問題となるようなバイアスを生じる危険性は少ないであろう。また、リスト作成の段階で女性がきわめて少ないことが明らかになったため、郵送対象を男性に限定し、さらにすでに退職している者を除くため、最終学歴の修了年が 1965 年以降の者に限った。最終的には調査票を 1999 年 7 月末に 3,015 通発送し、8 月に回収を行った。回収数は 752 件であり、回収率は 24.9% であった。

　ここでアンケート調査によって得られた対象者の属性を概観する。平均年齢は 46.6 歳で、婚姻状態のわかる 749 人のうち 633 人（84.5%）が既婚、116 人（15.5%）が未婚である。対象者の 50.9%（383 人）は大学院修士課程以上の学歴[4]を持ち、58.1% は 1 万人以上の従業員規模を持つ大企業グループ[5]に属している。また、対象者の 79.4% は転職経験がなく、転職の経験がある 20.6% のうち、71.8% は 1 回の転職にとどまっている。

　対象者が所属する企業の業種についてみると、機械関連産業が 73.5% を占めている[6]。対象者が従事する業務については、40 歳代、50 歳代の者を多く含むサンプル構成であるため、現在は管理的業務に従事している者も多いが、就職時に従事していた職種は、ほぼ全員（97.6%）が研究開発や設計など、研究開発部門に関係の深いものであった。本章の分析は研究開発技術者の就職のプロセスであるため、現在対象者が従事している業務にかかわらず、全てのサンプルを分析の対象とする。

2. 初就職に伴う移動の空間構造

　対象者の就職時期は、1965 〜 75 年が 58.5%、1975 〜 85 年が 34.4%、1985 年以降が 22.6% である。1965 〜 75 年は高度成長期後期、1975 〜 85 年はオイルショックを乗り切って日本の製造業が輸出を拡大した時期、1985 年以降はプラザ合意からバブル景気を経て平成不況に至る時期と、時代背景は全く異

なっており、製造業技術者の新規学卒労働市場の状況も大きく異なっていたと予想される。しかし出身地域の分布、入社の経緯（紐帯）をはじめ、住居移動や職業キャリアの特徴（Ⅳ章で分析する）に至るまで、世代による差異はさほど認められない。大企業のなかで長期雇用の恩恵にあずかれる社会階層のサブグループとして研究開発技術者をとらえれば、そうした社会階層のなかにおける世代間の差異、すなわちライフコース概念でいうコーホート効果は小さいといえる。そこで世代間の差異を捨象し、研究開発技術者のライフコースを日本的雇用体系の下で形成されたライフコースの典型的な一例と位置づけて分析する。

　次に分析に使用する地域区分について述べる。すでに述べたように研究開発機能は東京圏への集中が著しく、中川正（1996）によれば、東京都とその隣接県が全国の研究所立地数の43%を占めている。ところが、大阪府、兵庫県、京都府の3府県の研究所を合計しても東京都に立地する研究所数に及ばず、愛知県では工場数を基準にした研究所数の立地係数が1を下回っているなど、東京以外の大都市圏への集中は緩やかであった。一方大阪、京都、名古屋といった大都市や、札幌、仙台、福岡といった広域中心都市には、旧帝国大学をはじめとした有力な理工系高等教育機関が立地し、研究開発技術者養成の一翼を担ってきた[7]。したがって通常大都市圏として扱われる大阪府、京都府、愛知県を北海道、宮城県、福岡県と同列に扱うこととし、研究開発機能が著しく集中する東京圏、理工系教育において一定の役割を果たす地方中核都市（北海道、宮城県、愛知県、大阪府、京都府、福岡県）、その他の県である地方圏という3つの地域区分によって分析を行う。

　はじめに対象者の出身地を把握するために、対象者が卒業した高校の所在地の分布を示す（表Ⅲ-1）。本調査の対象者は、基本的に全員が調査時点で東京都、あるいは神奈川県に居住していた。しかし高校卒業時点で両地域に居住していた者は、全対象者の45.0%である。また、地方中核都市を持つ道府県を出身地とする者も少ない。

　次に、対象者が最終学歴を修めた高等教育機関の所在地[8]を見る（表Ⅲ-1右）。この段階では東京都と神奈川県の占める割合が全体の58.7%を占め、対

III 製造業研究開発技術者の新規学卒労働市場──労働市場の空間と制度── 33

表III-1 対象者の出身高校所在地と最終学歴修了地

		出身高校所在地		最終学歴修了地	
東京圏	東京都	207人	27.8%	351人	46.7%
	神奈川県	128	17.2	91	12.1
	その他	33	4.4	23	3.1
	合計	368人	49.4%	465人	61.8%
地方中核都市	北海道	38人	5.1%	38人	5.1%
	福岡県	25	3.4	37	4.9
	大阪府	29	3.9	32	4.3
	京都府	7	0.9	32	4.3
	宮城県	9	1.2	29	3.9
	愛知県	12	1.6	20	2.7
	合計	120人	16.1%	188人	25.0%
地方圏		257人	34.5%	99人	13.2%
東京圏以外合計		377人	50.6%	287人	38.2%
総計		745人	100.0%	752人	100.0%

注) 出身高校所在地不明者7人。
　　東京圏：東京都、神奈川県、千葉県、埼玉県、茨城県。
　　地方中核都市：北海道、宮城県、愛知県、大阪府、京都府、福岡県。
　　地方圏：その他の県。
　　資料：アンケート調査により作成。

象者の関東南西部への流入は高等教育機関への進学の時点で始まっていることがわかる。また地方圏のカテゴリーの割合が高校卒業時に比べて3分の1近くにまで低下する一方で、地方中核都市は一様にその割合を高めている。先述したとおりその原因は、旧帝国大学に代表される有力な理工系高等教育機関が、こうした地方中核都市に集中していることに求められる。

　最終的に対象者は東京圏の労働市場に集中してゆくことになる。その集中のプロセスを、順を追って見てゆこう（図III-1）。進学の段階では、地方圏出身者が東京圏へ流入する様子が特徴的である（地方圏から東京圏への移動94人）。地方圏から東京圏への移動に並行して、地方圏から地方中核都市への移動が顕著にみられることが注目される（地方圏から地方中核都市への移動80人）。地方圏から地方中核都市へのこうした流入に加え、地方中核都市出身者

は進学に際して東京圏へ流出する割合が小さいため、地方中核都市のカテゴリーは、高等教育機関への進学の段階で東京圏を凌ぐ人数の増加率を示す[9]。これに対して、東京圏から地方中核都市や地方圏へ、あるいは地方中核都市から地方圏へという、いわば逆向きの移動は少ないため、高等教育機関への進学の時点での地方圏残留者は、高校卒業時の40%弱に減少してしまう。

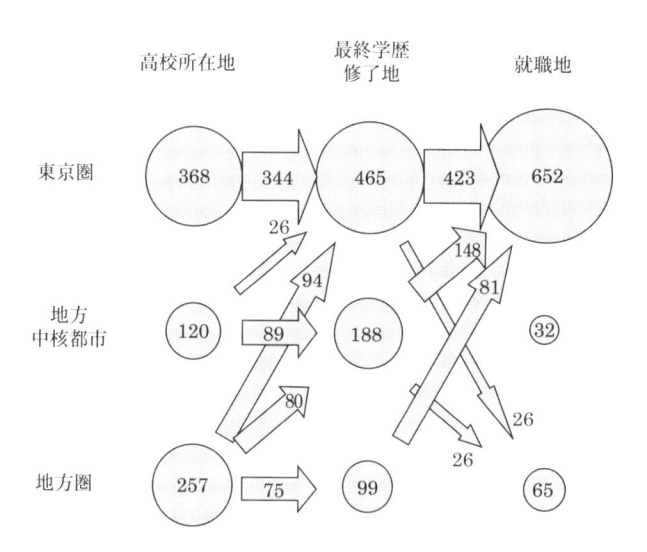

```
                高校所在地    最終学歴     就職地
                            修了地

東京圏          368   344   465   423   652
                      26
                          94    148
                                 81
地方
中核都市         120   89    188              32
                      80
                                    26
                                26
地方圏           257   75    99              65
```

東京圏：東京都、神奈川県、千葉県、埼玉県、茨城県。
地方中核都市：北海道、宮城県、愛知県、大阪府、京都府、福岡県。
地方圏：その他の県。
注1） 図中の数字は人数を表す。
注2） 20人以下の移動流は省いた。

図Ⅲ-1　対象者の高校卒業後の移動
資料：アンケート調査により作成。

集中のプロセスの第2段階である就職の時点では、地方中核都市の高等教育機関から東京圏の労働市場への流入がきわめて顕著に見られる。これによって、最終学歴修了時から初就職時にかけて、地方中核都市の居住者は6分の1に激減する。また、地方圏から東京圏への移動も、進学時にほぼ匹敵する量にのぼる。

図Ⅲ-1中の進学時の流れに見られるように、東京都・神奈川県を中心に集

中している高等教育機関が、将来研究開発技術者となる人材を東京圏へと引き寄せる力は強い。しかし東京圏への流入は、むしろ初就職の時点で顕著に見受けられる。東京圏への流入は、高等教育機関への進学時が120人であるのに対し、初就職時は229人とほぼ倍に上る。特に地方中核都市出身者と、大学進学時に地方中核都市に流入した地方圏出身者が、初就職時に大量に東京圏へと流入している現象が目につく[10]。

　渡辺（1971）は1965年の東北大学の入学者と同大学工学部の3カ年（年次不詳）の卒業者の就職先地域を分析している。これによると東北大学入学者総数の54%は東北6県の出身者であったのに対し、工学部卒業生の就職先は、52%までもが関東地方によって占められていた。渡辺はこの分析結果から、地方中核都市に立地する大学の位置づけとして、①有利な労働市場に乏しい地方住民のために教育を与え、よりよい将来を約束する地域のための活動、②発展する中央日本の企業の労働力確保のために、地方の人材を開発し、中央に駆り集めてくるための中央日本の出先活動、③中央日本の労働需要と労働力余剰地域の再生産人口を合理的に結びつけるための空間組織、などのさまざまな解釈が可能であるとしている。このうち、②は企業の視点で、③は地域の視点で、新規学卒労働市場をとらえた場合の解釈であり、労働市場に関する従来の研究と同系列の視座である。こうした視座から本節の分析結果をみると、地方中核都市はそこに立地する高等教育機関が進学時に集めた人材を就職時に東京圏に送り出す人材ポンプのような役割を果たしていると結論づけることができよう。これに対し、渡辺の①の解釈からは、地方中核都市に立地する大学を卒業することが個人のライフコースに与える影響を読み取ろうという意図がうかがえる。次節では、新規学卒労働市場において個人と就業機会がどのような紐帯によって結びつけられているかを明らかにした後、紐帯の差異が就職の結果に与える影響を分析する。その結果は、渡辺の①の解釈とも関連するものである。

3. 入社経緯の分析

(1) 分析の枠組み

　論文、特許、新製品などのかたちをとって顕在化する研究開発活動の成果は、実際にその国の経済成長に直結するばかりか、対外的にはその国の国力を端的に示すものと受け取られる（山田 2001）。そうした認識の下では、研究開発技術者は貴重な人的資源である。彼らが各企業あるいは地域に配分される過程である入社の経緯に政策的な関心が向けられるのは当然であり、先行研究もかなり行われている（日本生産性本部 1989、1990a、1990b、1991；今野 1992；International Research Group on R&D Management 1995；中原 1996）。しかし、そうした研究では、マクロな労働市場の特徴あるいは教育システムと、研究開発技術者の入社の経緯が一国を単位として分析されることが多い。入社の経緯を個人と就業機会を結びつける紐帯として認識し、それが個人の後のライフコースにどう反映してくるかを考察するためには、新たな分析枠組みが必要となる。

　地方中核都市や地方圏の大学・大学院の卒業者のうち、その多くは大学が立地する県または地方の出身者である。彼らのなかには、自分が生まれ育った地域に根ざしたライフコースを希望して、地元の大学に進学した者も少なくないであろう。しかし理工系大卒者には、東京圏に就職している者が多いのが現実である。この点にかかわる矛盾や葛藤については後に議論するが、現実的な問題として東京圏外から東京圏に就職する場合には、職に関する情報の入手や、企業との接触の点で困難を伴うはずである。転職率がきわめて低い研究開発技術者にとって、学卒直後の就職先は彼らのライフコースのあり方をほぼ決定付けるといっても過言ではない。本節の分析は、職業情報や企業との接触機会が不足しているにもかかわらず、かなりの数の人々が就職時に東京圏へと流入し、そこからライフコースの第一歩を踏み出している現状に対して説明を加えるものである。

　研究開発技術者の入社経緯を分析するもう1つの目的は、最終学歴修了地に

よる入社経緯の偏りが就職の結果にどのような影響を与えているのかを検証することにある。これについては、おもに社会学の研究蓄積がある（佐藤1998；渡辺1998a、1999など）が、合衆国の経済社会学者グラノヴェターの業績はとりわけ重要である。彼は、マサチューセッツ州ボストン郊外の町で、過去5年以内に転職を経験した専門・技術・管理職を対象とし、転職の際に職を発見した経緯に関する調査を行った。そして社会における個人の位置の違いが利用可能な入社経緯（紐帯）に違いをもたらし、得られる情報の質や量を左右することで、就職の過程や結果が異なってくることを明らかにした（グラノヴェター1998）。ここでいう社会における個人の位置の違いとは、民族、年齢、学歴、職業上の地位などの属性によって把握されるものである。

　後に彼は、この調査で得られた結果を、「経済行為、経済的結果、そして経済制度が、行為者の個人的関係、および諸関係のネットワーク全体の構造に影響されること」（渡辺1998b：283）を意味する、「埋め込み」という概念に一般化した（Granovetter 1985）。後述するように高等教育機関を通じた就職が多くみられる研究開発技術者の就職の場合、各学生が所属する学校、あるいは研究室・指導教官と企業とのネットワークがあるかないかによって、就職先の選択肢も就職の結果の良し悪しも大きく異なってくる。つまり研究開発技術者の就職という経済行為では、就職情報は学校の就職担当部門や指導教官のもとに存在しているのだが、特定の就職情報に誰もが等しく接近できるわけではない。グラノヴェターは、このように情報が特定の社会的関係のもとに偏在している状況を指して、情報が社会的ネットワークに埋め込まれていると表現したのである。

　本章では、グラノヴェターの方法を地理学的分析に応用することを試みる。すなわち、最終学歴修了地がどこであるかによって入社経緯が異なってくるのであれば、入社経緯が地域に埋め込まれていると考え、最終学歴修了地による入社経緯の差違が就職の結果の良し悪しにどのような影響を与えるのかを明らかにする。もし入社経緯が就職の結果に影響するのであれば、就職先決定プロセスにおいて利用可能な紐帯によってライフコースが影響を受けることにほかならず、利用可能な紐帯が最終学歴修了地によって異なるのであれば、ライフ

コース（就職の結果）は社会構造（利用可能な紐帯）を介して空間構造（最終学歴終了地）と結びつくことになる。

なお、ここでは就職結果の良し悪しを示す指標として、初就職した企業グループの従業員規模[11]を採用する。こうした方法は、就職結果の良し悪しを単純にとらえすぎているとの批判を免れないであろうが、大企業を「良好な職業機会」[12]とする認識は一般的なものといえよう。また、研究開発技術者が賃金としての金銭的報酬のみならず、自分がたずさわる研究開発の仕事そのものの充実を強く望んでいることは、多くの調査から明らかになっている（石田 1996；村上 1999 など）。わが国の研究開発投資は大企業に著しく偏っているため、研究開発の内容・レベルにかかわる予算や研究環境の面からも大企業の方が優れているといえる。したがって大企業を良好な就業機会と仮定することは、分析上の妥当性を損なうものではないと判断する。

（2） 入社経緯が就職結果にもたらす影響

まず、人材の流れを作り出し、方向づける要素としての入社経緯を明らかにするため、入社経緯と最終学歴修了地の関係を示す（表Ⅲ-2）。研究開発技術者の就職について一般にいえることは、大学の就職担当部門、研究室・指導教官といった、学校を通じた就職が多くみられることである。研究室・指導教官を通じた就職は、研究室や教官個人と企業の間に築かれた個別的な関係によるものであり、それを利用しうる人（学生）や就職先の選択肢は限られている。

表Ⅲ-2 入社経緯と最終学歴修了地の関係

		入社経緯					
		研究室・指導教官	就職担当部門	学校の先輩	個人的就職活動	両親・親族・知人	人数
最終学歴修了地	東京圏	27.1%	40.6%	7.1%	16.4%	8.8%	421人
	地方中核都市	41.3	41.3	10.0	6.0	1.3	150
	地方圏	26.3	62.5	3.8	6.3	1.3	80
	合計	30.3%	43.5%	7.4%	12.7%	6.1%	651人

資料：アンケート調査により作成。

これに対し、就職担当部門を通じた就職は、原理的にはその大学（学科）に所属している学生なら利用できるという意味で、研究室・指導教官を通した就職に比べて門戸が開かれており、就職先の選択肢も研究室・指導教官を通じたものより多い。なお就職担当部門のカテゴリーは、調査票上の選択肢では「学科（学校）の就職担当部門を通して」と表現されていたものであり、大学の理工系学部などでよくみられる学科推薦制などが含まれている。

　再び表Ⅲ-2に戻ると、高等教育機関を通じた就職は、東京圏よりも地方中核都市や地方圏において割合が高くなっており、高等教育機関が個人と企業の橋渡しをすることが東京圏への人材の流れを引き起こしているといえる。より詳細にみれば、地方中核都市では研究室・指導教官を通じた就職が、地方圏では就職担当部門を通じた就職がそれぞれ有意に多く[13]、人材を東京圏に送り出すメカニズムに地域ごとに相違があることがわかる。また、高等教育機関を通じた就職と比較すると少ないが、東京圏では個人的就職活動や縁故による就職も一定程度みられる。

　ところで、研究開発技術者の入社経緯は時代によってどのように変化してきたのであろうか。表Ⅲ-3は初就職した年代による入社経緯を最終学歴修了地別に見たものである。近年個人的な就職活動による就職が増えてきているが、増加分のほとんどは東京圏におけるものである。高等教育機関を通じた就職については、研究室・指導教官を通じた就職が減少しているのに対して、就職担当部門を通した就職は増加している。学校の先輩を通じた就職も含めて考えれば、東京圏外からの研究開発技術者の就職が高等教育機関を通じてなされる傾向に大きな変化は認められないといえよう。

　つづいて、こうした最終学歴修了地による入社経緯の偏り、言い換えれば最終学歴修了地に「埋め込まれた」入社経緯が、就職の結果の良し悪しにどのような影響を与えるかを分析する。ただし最終学歴修了地が個人の入社経緯を規定する働きをするとしても、それのみが就職の結果に偏りをもたらすわけではないと考えられるので、就職結果に最も強く影響すると思われる個人属性として、対象者の学歴を取り上げ、それと企業規模の関係も合わせて吟味する。

　まず、実際に入社経緯の違いによって、就職の結果である企業規模に偏りが

表Ⅲ-3 就職年別最終学歴修了地と入社経緯の関係

		東京圏	地方中核都市	地方圏	合計	
1965〜74年に就職	研究室・指導教官	27.5%	45.7%	30.2%	123人	32.3%
	就職担当部門	40.3	38.0	58.5	161	42.3
	学校の先輩	4.7	5.4	1.9	17	4.5
	個人的就職活動	16.9	7.6	3.8	49	12.9
	両親・親族・知人	10.2	3.3	1.9	28	7.3
	その他不明など	0.4	0.0	3.8	3	0.8
	合計	236人 100.0%	92人 100.0%	53人 100.0%	381人	100.0%
1975〜84年に就職	研究室・指導教官	28.4%	35.4%	36.0%	70人	31.3%
	就職担当部門	38.8	41.5	52.0	92	41.1
	学校の先輩	11.2	12.3	4.0	24	10.7
	個人的就職活動	11.9	7.7	8.0	23	10.3
	両親・親族・知人	9.7	1.5	0.0	14	6.3
	その他不明など	0.0	1.5	0.0	1	0.4
	合計	134人 100.0%	65人 100.0%	25人 100.0%	224人	100.0%
1985年以降に就職	研究室・指導教官	22.1%	29.0%	19.0%	34人	23.1%
	就職担当部門	42.1	48.4	61.9	68	46.3
	学校の先輩	6.3	12.9	4.8	11	7.5
	個人的就職活動	24.2	9.7	9.5	28	19.0
	両親・親族・知人	3.2	0.0	4.8	4	2.7
	その他不明など	2.1	0.0	0.0	2	1.4
	合計	95人 100.0%	31人 100.0%	21人 100.0%	147人	100.0%

資料：アンケート調査により作成。

見られることを示す。表Ⅲ-4に示す通り、入社経緯と企業規模の間には有意な関係が存在している。表を見ると、同じ高等教育機関を通した就職でも、研究室・指導教官と就職担当部門では、企業規模に対して逆の傾向を示していることがわかる。すなわち就職担当部門を通じて入社した者の割合は、企業規模が大きくなるにつれて増すのに対し、研究室・指導教官を通した就職は、むしろ中小企業でその比率が高くなっている。特に従業員規模が1,000人未満になると、就職担当部門を通じて入社した者の割合が30%近くにまで落ち込む。また、個人的な就職活動や両親・親族・知人のつてによって3万人を超えるような巨大企業[14]に入社することは、きわめてまれである。

表Ⅲ-4 入社経緯と企業規模の関係

		入社経緯					
		研究室・指導教官	就職担当部門	学校の先輩	個人的就職活動	両親・親族・知人	人数
企業規模	従業員30,000人以上	30.8	48.1	12.0	6.7	2.4	208人
	従業員10,000人以上	27.2	45.7	6.4	13.9	6.9	173
	従業員1,000人以上	32.2	43.4	5.9	13.2	5.3	152
	従業員1,000人未満	36.8	33.3	3.5	14.0	12.3	57
	合計	30.7%	44.7%	8.0%	11.2%	5.4%	590人

資料:アンケート調査により作成。

　既述のとおりここでは、最終学歴修了地という外的要因が個人の入社経緯を規定する働きを持ち、ひいてはそれが個人属性である学歴とは別のかたちで就職の結果に影響を与えることを想定している。それについて次のような手続きで検討する。まず、最終学歴修了地による学歴の偏りを検証し、つづいて学歴による企業規模の偏りを検討する。最後に、最終学歴修了地による企業規模の偏りを検証する。

　まず、最終学歴修了地と学歴の関係について見ると、東京圏と地方中核都市のカテゴリーでは、学歴の分布がほとんど同じで、むしろ地方中核都市の大学院卒の割合がやや高い（表Ⅲ-5上段）。しかし最終学歴修了地が地方圏である場合だけが若干異なっており、大学院卒が有意に少なくなっている。次に初就職した企業の規模と学歴の関係をみると、高学歴者ほど初就職する企業規模が大きい傾向がある（表Ⅲ-5下段）。特に従業員規模3万人以上の巨大企業では、大学院卒者の割合がきわめて高くなっている。

　ここで学歴が就職の結果を規定するとすれば、最終学歴修了地による学歴の偏り（表Ⅲ-5上段）の影響は、初就職時の企業規模の違いとして現出してくるはずである。表Ⅲ-6に示されるように、大学院卒者が少ない地方圏のカテゴリーでは、東京圏や地方中核都市に比べて従業員3万人以上の企業に就職する割合が小さくなっており、こうした巨大企業への就職の可能性には、対象者の学歴が強く影響してくることがわかる。地方圏を最終学歴修了地とする対象者は、従業員規模が1万人以上（3万人以下）の企業に就職する比率が高いが、

表Ⅲ-5　学歴と最終学歴修了地・企業規模の関係

		学歴			人数
		大学院卒	大学卒	高専・短大卒	
最終学歴修了地	東京圏	52.7%	46.0%	1.3%	463人
	地方中核都市	55.0	40.2	4.8	189
	地方圏	35.7	53.1	11.2	98
	合計	51.1%	45.5%	3.5%	750人
企業規模	従業員30,000人以上	64.9%	31.2%	3.9%	205人
	従業員10,000人以上	53.4	44.3	2.3	174
	従業員1,000人以上	53.6	42.5	3.9	153
	従業員1,000人未満	39.7	50.0	10.3	58
	合計	56.1%	39.8%	4.1%	590人

資料：アンケート調査により作成。

表Ⅲ-6　最終学歴修了地と企業規模の関係

	東京圏	地方中核都市	地方圏
従業員30,000人以上	34.0%	44.0%	24.1%
従業員10,000人以上	27.7	28.7	38.0
従業員1,000人以上	28.5	18.0	27.8
従業員1,000人未満	9.9	9.3	10.1
合計	364人　100.0%	148人　100.0%	79人　100.0%

資料：アンケート調査により作成。

このカテゴリーには、いすゞ自動車、石川島播磨重工業、富士重工業、小松製作所などの有力企業が名を連ねている。また従業員3万人以上と従業員1万人以上のカテゴリーを合計して考えると、学歴水準についてはかなりの差を示した東京圏と地方圏のカテゴリーは、初就職する企業の従業員規模のうえでほとんど差が無くなり、カイ二乗検定でも有意な関係を示さなくなる。表Ⅲ-2をみると、地方圏においては、高等教育機関の就職担当部門を通した就職の割合が高いことがわかる。企業規模が大きいほど就職担当部門を通した就職が多いという、表Ⅲ-4の結果と併せて考えれば、研究開発技術者としての就業機会に乏しい地方圏では、高等教育機関の就職担当部門の積極的な活動が、東京圏

との空間的距離を越え、大学院卒者が少ないという学歴上の不利を補って、学生にある程度まで良好な就業機会を提供する役割を果たしているといえる。

しかし従業員規模が3万人を超える巨大企業になると、最終学歴修了地による学歴の影響、あるいは各地域の大学のもつ特徴が、就職の可能性を大きく左右するようになる。学歴水準の高い地方中核都市のカテゴリーでは、こうした巨大企業への就職割合が際立って高い。しかし地方中核都市のカテゴリーは、一般には比較的規模の小さい企業への就職でその割合が高い研究室・指導教官を通した就職が多いという特徴がある。さらに従業員規模3万人以上の企業に就職した者のうち、研究室・指導教官を入社経緯とする者の割合をみると、東京圏では22.6%、地方圏では21.1%であるのに対し、地方中核都市では48.5%であり、研究室・指導教官という入社経緯が良好な就業機会をもたらす傾向が強いことがわかる。つまり最終学歴修了地の違いによって、良好な就業機会をもたらす入社経緯が異なっているのである。特に旧帝国大学を中心とする地方中核都市の高等教育機関では、東京圏の巨大企業とのネットワークが研究室や指導教官を窓口として形成されており、それを入社経緯として利用することができた学生は、良好な就業機会を得ているといえる。

4. 現在の工学部大卒者の就職先地域

前節のアンケート調査の対象者の多くは、高度成長期後期から1980年にかけて最終学歴を修了し、東京圏で研究開発技術者としての職業キャリアをスタートさせた。高度成長期後期は中央研究所ブーム、1980年代は基礎研究所ブームと呼ばれ、企業の研究開発機能の拡充が相次いだ時期であるが（中川ほか 1992）、ブームが地方圏にまで及ぶことはなかった。職場である研究所が東京圏に集中していたため、地理的に離れた個人と就業機会を結び付ける紐帯は、かつては企業と研究開発技術者の双方にとって合理的なものでありえた。しかし近年では、これまでもっぱら量産のための拠点であった地方圏の工場

が、研究開発機能の一部を分担することも増えている。こうした流れを反映して、就職に伴って研究開発技術者が東京圏に集中する傾向は変化したのであろうか。本節では工学部大卒者の就職先地域を大学の立地地域ごとに見てゆくことにより、この点を検討する。

前節での分析から、研究開発技術者の新規学卒労働市場では、地方中核都市や地方圏に立地する理工系教育機関が学生と企業を結びつける紐帯となり、学生を研究開発技術者として東京圏に送り出す役割を果たしていることが示された。しかし理工系の学生が他の学部の学生と比較して東京圏に就職する傾向が強いのか否かは明らかになっていない。そこで大卒者の就職先都道府県を学部の種類別に把握できる資料を用い、まずはこの点から分析を始める。

研究開発技術者に限らず、新規大卒者の就職は人材の地域的配分に大きな影響を与えるため、地域経済の発展可能性を左右するものとして高い関心が向けられてきた[15]。しかし資料上の制約[16]もあり、既存研究のほとんどは大卒者を一括して扱い、専門分野と就職先地域の関係は検討していない。それぞれの地域が必要とする人材は、その地域の産業構造や企業内地域間分業における位置づけを反映して特定の職業に偏っている。一方大学での専門分野は、卒業後に就く職業と相当程度関係しているため、職業上の地位を達成できる機会を左右するばかりでなく、自分の希望する地域で生活できる可能性をも左右する。したがって大卒者の労働市場の空間的特徴は、大学における専門分野との関連で分析することが望ましい。

この目標を達成するため、ここでは社団法人雇用問題研究会『全国大学・短大・高専要覧2001』を資料として用いる。この資料には、全国の大学、短大、高専の卒業者（2000年3月卒）について、上位10位までの就職先都道府県の就職者数が学部別・男女別に掲載されている。本節では作業能力上の限界と、考察に十分なデータ数を確保できることに鑑みて、各学部につき上位5位までの就職先都道府県を分析の対象とした[17]。

『全国大学・短大・高専要覧2001』を使用するに当たっては、いくつかの留意点がある。まず、就職先地域として記されている都道府県の信憑性の問題がある。大学生の就職では、従事する職種を告げられないまま採用され、配属先

についても入社後の研修期間の後に本人に通知される場合が少なくない[18]。したがって、就職する本人が配属先事業所を特定できていない場合、入社する企業の本社所在地が就職先とみなされている可能性が強い。ただしこの点については、既存研究の多くが依拠してきた資料である学校基本調査も同様に抱えている問題点である。また、先述のように上位6位以下の就職先都道府県を入力していないため、就職移動を実数として正確に把握することはできない。なお、補捉率については就職者総数（まだ卒業生を輩出していない新設学部、通信制学部、二部（夜間）を除く）で約80%を捕捉しており、この点に関する問題は少ないといえよう。以上のようなデータの特性を念頭に置いた上で、学部の種類ごとに見られる立地の違いに注目しつつ、地方圏の大卒者が東京圏を就職先地域としている割合を学部の種類ごとに比較する。

表Ⅲ-7は各専門分野を卒業し、就職した者を学部が所在する地域別に示している。師範学校や専門学校を基盤とし、今日でも国公立大学の比重が相対的に大きい教育、工学、農学、保健[19]の各分野では、南関東（東京圏とみなす）への学生数の集中度が低い。教育と保健における南関東の比率は特に小さく、日本の高等教育政策の重要課題である教育機会の地域的均等と、地方圏における専門職の供給が、公共サービスを担う教師や医師、看護師を養成する分野から優先的に着手されたことを反映している。これに対して法学部、経済学部、商学部などからなる社会科学と、文学部を主とする人文科学では、南関東が全卒業者数の半数近くを占めている。とくに人文科学では三大都市圏（南関東、東海、近畿）が80.7%を占めるなど（社会科学は73.0%）、大都市圏への集中傾向が著しい。高等教育機関の大都市圏集中は地域格差の原因として問題視されてきたが、それは文科系諸分野に典型的にあらわれている。文科系は就職者に占める私立大学の比率が高いことから（人文科学88.6%、社会科学87.6%）、潜在的な進学者が多い大都市圏を中心に、市場原理に則って私立大学の設立が進んできた結果とみることができる。

このような専門分野別の学生の地域的分布は、彼／彼女らの就職先地域とどのように関わってくるだろうか。ここでは就職者数が1万人以上の専門分野を取り上げ[20]、各地域の大卒者が南関東を就職先地域とする割合を分析す

表Ⅲ-7 卒業した学部所在地域別に見た就職者数

	人文科学	社会科学	教育	理学	工学	農学	保健	総計	
北海道	1.1%	4.0%	6.3%	1.9%	3.1%	15.7%	6.4%	3.7%	8,961人
東北	2.8	3.6	9.7	2.1	7.4	10.2	3.8	4.7	11,356
北関東	2.1	1.6	2.8	1.5	4.6	3.0	5.0	2.5	6,131
南関東	45.2	47.3	23.1	33.7	35.9	32.2	28.8	41.2	99,981
東海	11.1	11.8	11.7	17.9	9.4	6.9	9.7	11.1	26,986
北陸	1.5	2.2	5.3	4.9	7.0	1.6	3.8	3.4	8,125
近畿	24.4	13.9	17.5	10.8	8.6	6.5	14.8	14.9	36,214
中国	4.6	5.0	7.6	17.5	7.2	7.0	9.8	6.3	15,229
四国	1.9	1.7	3.7	3.1	1.0	3.0	4.3	2.0	4,824
九州	4.7	8.6	11.9	5.7	15.5	13.4	12.7	9.7	23,519
沖縄県	0.5	0.4	0.3	0.9	0.4	0.6	1.1	0.5	1,126
合計	100.0% 47,148人	100.0% 96,369人	100.0% 12,104人	100.0% 4,240人	100.0% 52,035人	100.0% 6,860人	100.0% 12,547人	100.0%	242,452人

東北：青森、岩手、秋田、宮城、山形、福島
北関東：茨城、栃木、群馬、山梨、長野
南関東：埼玉、千葉、東京、神奈川
東海：静岡、岐阜、愛知、三重
北陸：新潟、富山、石川、福井
近畿：滋賀、京都、奈良、和歌山、大阪、兵庫
中国：鳥取、島根、岡山、広島、山口
四国：徳島、香川、愛媛、高知
九州：福岡、佐賀、長崎、大分、熊本、宮崎、鹿児島

注1) 就職先都道府県上位5位以下の人数も含む就職者総数。
注2) 煩雑さを避けるため家政、芸術、商船、その他は省いたが、総計には含まれる。
注3) 地域区分は経済企画庁「地域経済レポート2000」の地域区分Cに従う。
資料：全国大学・短大・高専要覧2001により作成。

る[21]。表Ⅲ-8を見ると、教育では南関東以外の地域から南関東に就職する割合がきわめて低く、学部所在都道府県への就職が卓越している[22]。加えて教育は学部の立地の分散傾向が強いことから、地域完結型の人材育成機能を有しているといえる。これと好対照をなすのが工学であり、南関東への就職率が20%を超える地域も多くみられ、地方圏の大学が東京圏の企業への人材を送り出す効果が大きく、むしろ南関東から遠距離にある北海道、東北、九州で、南関東への就職率が高くなっている。なお、人文科学では社会科学や工学に比べて近畿から南関東への就職率が9.1%と低いが、これは人文科学において近畿の大

表Ⅲ-8　専門分野別南関東への就職者数

大学所在地域	人文科学 南関東就職者	人文科学 南関東就職率[1]	社会科学 南関東就職者	社会科学 南関東就職率	教育 南関東就職者	教育 南関東就職率	工学 南関東就職者	工学 南関東就職率
北海道	128人	25.5%	822人	21.5%	16人	2.1%	566人	34.8%
東北	149	11.2	488	14.2	55	4.7	1,151	30.1
北関東	186	18.9	414	27.2	9	2.6	894	37.4
南関東	16,761	78.6	34,207	75.0	1,979	70.7	14,477	77.5
東海	473	9.0	1,057	9.3	68	4.8	782	15.9
北陸	78	11.1	251	11.7	20	3.1	639	17.5
近畿	1,047	9.1	3,552	26.6	49	2.3	972	21.7
中国	88	4.0	425	8.7	21	2.3	550	14.8
四国	22	2.4	59	3.7	4	0.9	81	16.3
九州	213	9.7	1,252	15.2	60	4.2	1,745	21.7
沖縄	29	11.3	169	42.5	3	8.1	41	20.2
合計	19,174人	40.7%	42,696人	44.3%	2,284人	18.9%	21,898人	42.1%
5位までの累積[2]	83.0%		80.5%		80.5%		78.7%	
南関東占有率[3]	87.4%		80.1%		86.6%		66.1%	

1) 各大学所在地域について、就職者に占める南関東都県就職者の割合。
2) 全国大学・短大・高専要覧2001で把握可能な各専門分野からの就職者のうち、就職先都道府県上位5位までの占める割合。
3) 南関東就職者に占める南関東に所在する大学の卒業者の割合。
注) 地域区分は表Ⅲ-7に同じ。
資料：全国大学・短大・高専要覧2001により作成。

卒者が近畿に就職する割合が高いためである[23]。

総就職者数の約40%が南関東の企業への就職者によって占められることは、人文科学、社会科学、工学のいずれにも共通している。しかし南関東を就職先地域とする者のうち、南関東の大学を卒業した者によって占められる割合（南関東占有率）を見ると、人文科学が87.4%、社会科学が80.1%であるのに対し、工学は66.1%と際立って低い。すなわち人文科学、社会科学では、学部の立地そのものが南関東に集中しているのに対し、工学の場合は、学部の立地

は分散していながらも東京圏内の企業に就職する学生が多いことになる。専門分野ごとの卒業者の分布と就職先地域の特徴を端的に表すと、いわば分散的地域完結型の教育、集中的地域完結型の人文科学・社会科学、東京圏流入型の工学となろう。

工学系学部卒業者の32.2％（2006年3月卒業、学校基本調査による）が大学院修士課程に進学する現在では、修士修了者の就職動向も重要であるが、就職先地域を体系的に把握できる統計は管見の限り見当たらない。不十分ながら得られたデータに基づいて学部卒業生と修士修了者の就職先地域を比較すると（表Ⅲ-9）、いずれの事例も修士修了者のほうが東京圏に相当する関東地方を就職先とする割合が圧倒的に高い。一般に修士修了者は学部卒業生よりも就職する企業規模が大きいこともあり、学部卒業生にも増して東京圏の企業を就職先として選ぶ傾向が強いと考えられる。

学部所在地が分散しているにもかかわらず、工学では東京圏を就職先地域とする卒業者が多い理由として、地方圏の企業の研究開発技術者に対する需要が少ないことが考えられる。そこで通商産業省『平成11年度人材ニーズ調査』から新規大卒者に対する需要を文科系、理科系別に推計し[24]、大卒者の地域的

表Ⅲ-9 学部卒業生と修士修了者の就職先地域の比較

		工学部（電気電子）[1]			工学部（生産システム工学）[2]			工学部（機械）[3]		
		学部		修士	学部		修士	学部		修士
地元県		7人 15.9%	3人	8.3%	1人 3.3%	1人	5.0%	5人 10.0%	0人	0.0%
地元県外		37 84.1	33	91.7	29 96.7	19	95.0	45 90.0	28	100.0
	九州内	18 40.9	7	19.4	12 40.0	2	10.0	12 24.0	3	10.7
	近畿	2 4.5	4	11.1	4 13.3	4	20.0	10 20.0	4	14.3
	関東	16 36.4	20	55.6	9 30.0	13	65.0	17 34.0	19	67.9
合計		44人 100.0%	36人	100.0%	30人 100.0%	20人	100.0%	50人 100.0%	28人	100.0%

1) 2001年3月卒業。
2) 1997年3月卒業。
3) 2000年3月卒業。
注） 3つの学科は九州に立地する別々の国立大学のものである。
資料：各大学資料により作成。

需給バランスを検討する[25]。

表Ⅲ-10を見ると、南関東の占める割合を含め、人材需要の地域的分布は文科系と理科系でほとんど変わらない。少なくとも文科系との比較において、地方圏における理科系人材の需要が少ないとはいえない。地方圏における人材需要をより詳しく見るために、東北および九州地方に設置されている人材銀行[26]の概況を示す（表Ⅲ-11）。管理職は文科系大卒者が、技術職は理科系大卒者が主な求職者と考えられるが、管理職の求人倍率は近年低迷している。これに対して技術系の求人倍率は1980年代後半から1990年代前半にかけて急上昇し、求人の絶対数も飛躍的に増加した。本節で分析対象としている工学部卒業者

表Ⅲ-10　新規大卒者の需要と供給

		文科系		理科系	
需要（推計値）	北海道	3,314 人	1.8%	3,509 人	2.4%
	東北	4,298	2.3	4,514	3.0
	北関東	6,866	3.7	7,951	5.4
	南関東	84,658	45.5	67,120	45.2
	東海	21,757	11.7	16,566	11.2
	北陸	4,601	2.5	5,641	3.8
	近畿	38,452	20.7	23,695	16.0
	中国	6,915	3.7	5,556	3.7
	四国	4,555	2.4	3,873	2.6
	九州	10,005	5.4	9,084	6.1
	沖縄県	526	0.3	847	0.6
	合計	185,945 人	100.0%	148,356 人	100.0%
供給	卒業者[1]	308,315 人		137,974 人	
	就職者[2]	181,431 人		74,608 人	

1)、2)　学校基本調査による2000年3月の値。文科系は人文科学・社会科学、理科系は理学・工学・農学の合計。
注)　人材需要の推計値はA×B×C×Dによる。
A：事業所数（帝国データバンクによる）
B：採用予定がある事業所比率
C：Bのうち、新規大卒者（文科系・理科系）の正規社員の採用予定がある事業所比率
D：Cの平均採用人数（文科系・理科系）
資料：1999年人材ニーズ調査、2000年学校基本調査報告により作成。

表Ⅲ-11　東北・九州に立地する人材銀行の求人倍率

		1987年			1997年		
		求人	求職	倍率	求人	求職	倍率
技術職	盛岡	142	82	1.73	507	117	4.33
	仙台	118	134	0.88	2,007	292	6.87
	福岡	160	159	1.01	4,022	502	8.01
	熊本	276	173	1.60	796	301	2.64
	鹿児島	70	67	1.04	977	412	2.37
管理職	盛岡	167	226	0.74	245	174	1.41
	仙台	240	460	0.52	197	433	0.45
	福岡	288	449	0.64	315	635	0.50
	熊本	285	336	0.85	160	226	0.71
	鹿児島	176	288	0.61	360	347	1.04

注1）　いずれも新規求人数、新規求職者数、新規求人倍率を示している。
　2）　人材銀行の開設年月は、盛岡（1977.7）、仙台（1969.7）、福岡（1968.7）、熊本（1975.8）、鹿児島（1977.10）である。
資料：各県労働市場年報、人材銀行資料により作成。

の多くは、今日では設計・開発、あるいは製造技術を担当する技術者の職に就くことが多いが、こうした技術者の需要は、工場の地方分散が進んできた現在、地方圏においても高まっている。人材銀行は基本的に既卒者を対象としたものであるが、地方圏でも研究開発技術者の需要が増加してきたことは確かであろう。以上の検討結果から明らかなように、理工系教育機関が分散しているにもかかわらず、東京圏を就職先地域とする卒業者が今日でも多いのは、地方圏における研究開発技術者に対する需要が少ないからであるとはいえない。

5.　地方大学工学部における就職プロセスに関する事例分析

　地方圏における研究開発技術者の需要は増加しており、地方圏出身者の出身地定着志向も高まりをみせている。そうした状況にもかかわらず、東京圏に就職する地方圏の大学の工学部卒業者は少なくない。空間的に離れている個人と就業機会（企業）を結びつける紐帯の作用は、今日でも強いのであろうか。
　本章前半部で行ったアンケート調査の分析では、研究開発技術者の新規学卒労働市場において高等教育機関が重要な役割を果たすことは明らかにできたものの、実際に学生の就職先が決定されるプロセスを詳細に検討してはいない。

このプロセスを明らかにすることは、まさに個人と就業機会を結び付ける紐帯の本質を理解することにつながる。教育機関を通じた就職先の決定プロセスについては、高校生や文科系大学生を対象としたものでは精緻な研究が積み重ねられてきたが[27]、理科系の学生については蓄積が乏しく、今野（1992）、平沢（1998）の研究事例が見あたる程度である。以上の課題を踏まえ、本節では地方圏に立地するある大学の工学部を例に取り、今日の研究開発技術者の就職プロセスを分析する。

本節の分析対象は、九州に立地する国立大学であるＡ大学工学部の機械関連学科（以下機械学科とする）である。Ａ大学の各学部卒業生の出身地および就職先地域は表Ⅲ-12の通りであり[28]、地方圏に立地する大学の平均的な姿と見てよい。県内就職が多い教育学部では県内出身者が多く、県外就職が卓越する工学部で県内出身者がやや少ない傾向が見られるが、九州出身者の割合はほぼ等しい。次に大学の就職担当部門に求人票を寄せた企業の所在地をみよう（表Ⅲ-13）。学校に寄せられる求人票は実際に存在する求人の一部でしかないが、いずれの学部に寄せられた求人票も県外からのものが圧倒的に多く、表Ⅲ-10において文科系と理科系の人材需要の地域的割合がほぼ等しかった事からも、求人の地域的偏りが各学部の就職先地域に偏りをもたらすのではないと考えられる。表Ⅲ-13で注目すべきは、県外就職が卓越する工学部にお

表Ⅲ-12　Ａ大学の学部別就職先地域と出身地

		北海道東北	関東	中部	近畿	中四国	九州（除地元県）	地元県	海外	合計	
工学	就職	0.0%	41.6%	3.5%	3.5%	5.0%	26.7%	19.8%	0.0%	202人	100.0%
	出身	0.2	0.7	0.7	1.4	5.3	48.2	43.2	0.2	419	100.0
経済	就職	0.0%	23.9%	2.0%	6.6%	3.6%	34.0%	29.4%	0.5%	197人	100.0%
	出身	0.3	0.6	0.0	1.7	4.1	41.2	52.2	0.0	362	100.0
教育	就職	0.0%	3.1%	0.4%	1.8%	1.3%	29.6%	63.7%	0.0%	226人	100.0%
	出身	0.0	0.0	0.0	0.8	6.0	28.9	64.3	0.0	266	100.0

注1）就職については1999年度の値、出身については2000年度の値。
注2）地元県は大学が立地する県を示す。
資料：Ａ大学資料により作成。

いては、就職活動を行う前の段階で県外への就職希望が高いことである。すなわち工学部において県外、特に関東地方への就職が卓越する理由は、学生の就職希望の形成や就職先企業決定における求人票の扱われ方といった、就職先企業が決定されるプロセスそのものと深く関連していると考えられる。以下の分析に使用する資料の多くは、筆者が2000年10月にA大学の就職指導員および機械学科の就職担当教官（1999年度担当者と2000年度担当者および事務職員）に対して行った聞き取り調査によって得たものである。

表Ⅲ-13　A大学の就職状況

		就職希望者数		県内外別求人数		就職内定者数	
工学	県内	23人	10.6%	87人	4.2%	40人	19.8%
	県外	194	89.4	1,975	95.8	162	80.2
	合計	217人	100.0%	2,062人	100.0%	202人	100.0%
経済	県内	73人	30.7%	82人	7.2%	58人	29.4%
	県外	165	69.3	1,064	92.8	139	70.6
	合計	238人	100.0%	1,146人	100.0%	197人	100.0%
教育	県内	217人	65.6%	40人	6.8%	144人	63.7%
	県外	114	34.4	549	93.2	82	36.3
	合計	331人	100.0%	589人	100.0%	226人	100.0%

注）　1999年度の値。
資料：A大学資料により作成。

（1）　A大学機械学科における就職プロセス

A大学機械学科では、本格的な就職活動は4年生になってから行われるが、学生の就職に対する意識の形成に関わる行事は3年次にも行われる。その代表的なものが、3年次の夏に行われる工場実習である。これは東京、大阪に立地する製造業企業を主な受入先とし、原則として2週間以上学生が事業所や工場で現場実習を行うものである[29]。3年次には工場見学も行われ、担当教官の引率で主に関西、大阪の企業10社程度を1週間程度かけて見学して回る。このように就職に向けた準備は既に3年次のカリキュラムに組み込まれているが、その主目的は職場の現実を知ってもらうことにあり、学生が実習を行った企業に入社するなどの直接的な関連性はない[30]。しかしこの時点で学生に披露され

る職場が大学所在地近辺、あるいは九州ではなく、東京や大阪といった大都市圏にあることは注目されてよい。

　実際の就職活動は、4月初めに就職担当教官が学部4年生と修士2年生の全員に対して行う進路個別面談から始まる。学生の就職ルートには大きく分けて自由応募と学科推薦があり[31]、進路個別面談の時点で自由応募による就職活動を宣言した者は、学科推薦による就職ルートから外れてゆく[32]。面談に平行して、学生は履歴書と進路の希望調べを提出するが、これには希望企業を記入する欄があり、学生は主に求人票を参考にして希望企業を絞り込む。求人票は郵送によるものと企業の人事担当者が来学の際に持参するものに大別され、求人票を持参した企業は採用に積極的であり、応募すれば採用される確率が高い。来学する企業は必ずしも大学付近に事業所を持っているわけではなく、主に本社の技術系人事担当者あるいは九州地区の人事担当者が学校を訪れる[33]。求人票はそれが来学によるものか否かがわかる形で公開され、そのことは学生が就職可能性を量る1つの指標となっている。同様にOB名簿などから判明する過去の卒業生の採用実績も、学生にとって就職可能性の重要な判断材料となる。

　学科に到着した求人票はすべて公開し、学生の意思を尊重して企業を選択させる。地元への就職を志向する学生もいるが、全般にそれに固執するむきは少なく、まずは東京、大阪の大手企業を第一志望に据えることが通例であり、特に修士ではその傾向が強い。各企業の求人票とも概ね「学部、または修士卒から1名」の募集が普通であり、人気企業では希望が重なることもあるが、その場合は就職担当教官が推薦者を1人に絞ってゆく。推薦者絞り込みの原則は、第1に学部よりも修士を優先することであり、第2に同一学歴では成績上位者を優先することである[34]。こうした就職担当教官の調整を経て、まずは1人1社の割り当てで就職活動を開始させる。推薦状は1人につき同時に2通以上発行しないので、原則として1人の学生が複数の企業に平行して就職活動を行うことはない。

　推薦者の調整は4月下旬くらいから行われるが、実際に学生が企業と接触し、就職活動が本格化するのは5月の連休明けからである。第一希望の企業に

失敗した学生にのみ、残りの求人票の中から選択した企業について次の推薦状を発行する。かつては推薦状があれば面接だけで採用になったが、今では推薦といえども筆記試験が課せられる場合が多く、採用と不採用が半々程度であるという。ともあれ、夏頃までには多くの学生の就職先が内定する。

こうした一連の就職プロセスの要点は、学生が来学やOB名簿などを手掛かりに企業側の熱意や過去の採用実績を把握しようとしており、それが採用される可能性を推し量る有効な手だてとされていること、そして学科推薦が学業成績を基準にした1人1社制のもとで行われることである。次節においては特にこれらの点に注目し、学科推薦による就職プロセスが前節でみた工学部卒業者の就職先地域の偏りとどのように関連づけられるかを考察する。

（2） 就職プロセスの結果

A大学機械学科からは、1999年時点での居住地や勤務先が記されている卒業生名簿、1999年度にA大学機械学科が受理した求人票に関する情報、1993年から1999年までの卒業生の就職先などのデータが得られたので、これらを元に分析を進める[35]。

先に学生はその求人票が企業担当者の来学によるのか否かを知ることができ、そのことが就職可能性の重要な判断材料になっていると述べた。1999年度の卒業生が1人以上就職している企業47社のうち、過半数の25社が来学して求人票を提出していることからみても、確かに来学した企業の採用意欲は高く、学生にとっては有望な就職先候補となることが納得される。続いて卒業生名簿に記された1999年時点での勤務先から卒業生の継続的な採用の動向を検討する。卒業生名簿からは25年以上にわたる卒業生の勤務先企業を継続的に把握できる[36]。研究開発技術者は転職することが少なく、主な就職先となっている企業は長期雇用を前提とする大企業が多いため、卒業生名簿によって学卒時の就職先を推定することも許されよう。表Ⅲ-14は1970年から1995年までの卒業生のうち、5人以上が勤務している企業64社を示している。これらを実績企業と呼ぶことにすれば、実績企業に勤務する者は卒業生総数約1,400人の半数近くにのぼり、就職先が比較的少数の企業に集中しているといえる。累

積人数が最大の企業には 26 年間の卒業生のうち 36 人が勤務しており、単純に平均すればこの企業は毎年 1 ～ 2 人を継続して採用してきたことになる。

　実績企業への就職が特に目立つのは、1980 年代半ばから 90 年代前半までの時期であり、好景気を背景に機械関連工業への設備投資が旺盛になされる一方で、プラザ合意後の円高の中でわが国製造業の驚異的な製造コスト削減が注目を集めた時期である。この時期は技術革新の担い手となる理工系学生の採用が逼迫し[37]、企業は毎年の採用によって信頼関係を構築することで必要な人材の確保に努めたと理解できる。しかしこの時期の採用実績は、その後の不況期の採用に必ずしも結びついていない。表Ⅲ-14 では 1993 年から 1999 年の 7 年間のうち、5 年以上において就職者が存在する企業すなわち最近の実績企業に＊印を付した。1970 年から 1995 年の 26 年間で 10 人以上の採用実績がある企業でも、最近の実績企業となっている例は半数を下回る。つまり企業と学科の採用実績を通じた関係は 5 年から 10 年程度の期間が中心であり、景気動向とも関係している。ただし学生が実際の就職活動において 10 年以上の長期間にわたる採用実績を参照することはまれであると思われるので[38]、この結果は過去の採用実績が就職先企業を決定するうえでの重要な基準になることとは矛盾しない。

　卒業生の居住地を見ると、九州内あるいは大学所在県を主な勤務地とする企業であることが、採用実績を継続的なものとするわけではないことがわかる。新たな実績関係の形成や採用の中断が就職先地域と関係なしに起こっている一方で、卒業生の居住地の分布にはほとんど変化がなく、地元県（Ａ大学所在県）とそれ以外の九州各県がそれぞれ 20％ を占め、約 30％ が関東に居住している（図Ⅲ-2）。九州の人材需要にある程度応えているといえるにしても、卒業生の大都市圏への流出傾向は強い。

　ここで考察した就職プロセスとその結果は、前節で明らかになった工学部卒業者の就職移動の特徴とどのように関連付けられるだろうか。就職活動が求人票に依拠して行われ、その求人票が学科に一元化されていることにより、学生が就職先を、企業が人材を探索するコストは低減される。求人は大都市圏を主な勤務地とする企業のものが多く、表Ⅲ-12 や聞き取り調査からも明らかなよ

表Ⅲ-14 A大学機械学科 1970〜95年度卒業生の在籍企業

企業No.	学部卒業年 1970〜74	1975〜79	1980〜84	1985〜89	1990〜95	総数(人)	主な勤務地(県名:人)		企業No.	学部卒業年 1970〜74	1975〜79	1980〜84	1985〜89	1990〜95	総数(人)	主な勤務地(県名:人)
*1	◎	●	●	●	◎	39	地元県:19		36				●	○	7	神奈川:6
2	●	●	●	◎	●	32	地元県:10、兵庫5		37					●	7	各地
*3	●	●	●	●	●	29	九州:19		38				●	○	7	大阪:6
4	・	・	○	●	●	25	地元県:18		*39			●	・	●	7	静岡:4
5	●	●	○	●	●	24	愛知:19		*40				●	●	7	大阪:3
6	●	○	●	●	●	22	地元県:19		41				○	●	7	千葉・愛媛・九州各2
7	・	・	○	●	●	22	九州:13		42			●	●	●	7	大阪・兵庫:6
*8	●	・	○	●	●	21	東京・神奈川:14		*43					●	7	大阪・京都:5
9		○	●	●	○	17	大阪・兵庫・奈良:12		*44				●	●	7	埼玉:6
10				●	●	16	地元県:15		45				●	●	7	神奈川:6
*11	・	・	●	●	●	15	神奈川:4		*46					●	6	大阪・兵庫:4
*12			●	◎	○	15	東京・神奈川:7、九州:5		47				●	●	6	各地
*13	●	・	●	●	●	15	九州:6、栃木:3		48					●	6	大阪・兵庫:5
14		・	●	○	○	14	山口:12		49				●	●	6	各地
15		●	●	●	○	14	九州:6、地元県:4		*50				●	●	6	兵庫・九州各2
16	●	・	●	●	●	13	九州:10		*51				●	●	6	大阪・京都:4
*17	○	●	・	●	●	13	兵庫・茨城:4		52				●	●	6	兵庫・栃木:6
18				●	●	12	千葉:7		53				●	●	5	九州各地
19	●	●	●	○	●	12	広島:10		54					●	5	神奈川各地
*20		●	●	○	●	12	大阪・兵庫・滋賀:8		55				●	●	5	神奈川:7
21				●	●	11	東京・神奈川・埼玉:6		*56				●	●	5	岡山:4
22			●	○	●	10	愛知:10		57				●	●	5	各地
23	・	●	●	●	●	10	東京・神奈川:7		58					●	5	九州:3
24			●	●	○	9	愛知:4		59				●	●	5	各地
25		○	●	●	●	9	東京・神奈川:7		60				●	●	5	地元県:5
26				●	●	9	神奈川:3		*61				●	●	5	埼玉・九州各2
27				●	○	8	東京・神奈川:5		62				●	●	5	九州内2 県各2
28				●	●	8	埼玉:6		63				●	●	5	神奈川:5
29			●	●	●	8	地元県:8		64				●	●	5	愛知:5
30			●	●	●	8	兵庫:6									
31	●	・	・		●	8	地元県:4		長内企業就職者数(人)	63	50	113	219	249	694	
32				●	●	8	九州:6		卒業生総数(人)	154	163	231	369	526	1,443	
*33			●	●	●	8	地元県:4		長内企業占有率(%)	40.9	30.7	48.9	59.3	47.3	48.1	
*34				●	○	8	九州:3、地元県2									
35				●	●	8										

空欄…採用なし ・=1〜2人 ●=5〜9人 ○=3〜4人 ◎=10人以上

注1)*は1993〜1999年の7年間のうち、5年以上において採用実績がある企業を示す。
注2)主な勤務地の欄において、A大学所在県は地元県、それ以外の九州各県は九州とした。
資料:A大学機械学科卒業生名簿により作成。

III 製造業研究開発技術者の新規学卒労働市場——労働市場の空間と制度—— 57

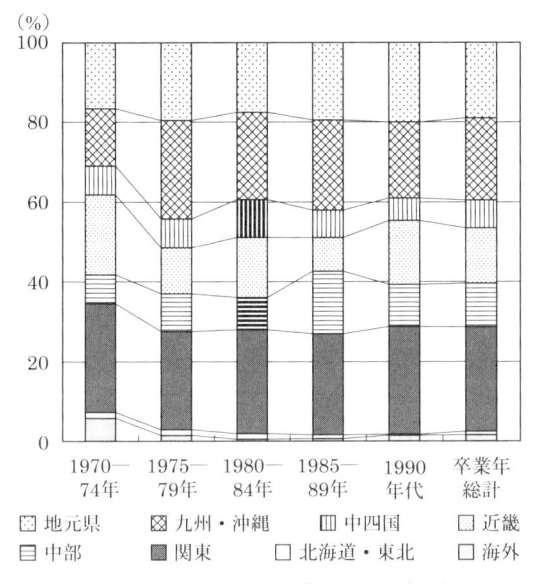

図Ⅲ-2 A大学機械学科卒業生の居住地分布
資料：A大学機械学科卒業生名簿により作成。

うに、学生の側もひとまず大都市に立地する大企業を第一志望とすることが多い。また過去の採用実績が就職希望企業を選定する上で重要な基準となるため、以前の卒業生の就職先（企業・地域）はその後の卒業生の就職先（企業・地域）に影響を与える。こうした状況は卒業生の就職先が大都市圏に集中することを半ば決定付けるが、1人1社制という就職活動のプロセスもこれを助長する。大都市圏への就職と地元への就職の間で悩み、複数の企業に対する就職活動を希望する学生も少なくないだろうが、1人1社制はそれを不可能にする。自由応募と学科推薦の併用や、学科推薦での内定獲得後に自由応募で就職活動を行い、出身地での就職を目指すことも原理的には可能であるが、現状ではほとんど行われていない。なぜなら就職担当教官と学生の双方に、学科推薦は企業と学科の信頼関係に基づくものであり、それを損なう行為は「学生にとっては一回、しかし学校にとっては毎年のこと」（苅谷 1991：67）である就職活動の秩序を乱すものとの認識があるからである。かくして企業との信頼関係に重きを置き、求人票に依拠して1人1社制の下で行われる就職活動は、地方圏の大

学の工学部が輩出する人材を大都市圏へ送り出す方向に働くのである。

6. 小　括

　本章では、研究開発技術者の新規学卒労働市場について、就職に伴う大都市圏への移動と、個人と就業機会を結びつける紐帯に注目して分析を進めてきた。2、3節は、現在東京圏に勤務している研究開発技術者を対象とするアンケート調査に基づく分析であった。彼らの約半数は東京圏外の出身者で占められ、進学よりもむしろ就職に伴って東京圏に流入する傾向にある。特に地方中核都市は、理工系高等教育の拠点として進学の時点で人材を吸収する一方、就職の時点では東京圏に研究開発技術者を送り出すという、人材ポンプの役割を果たしている。就職に伴って研究開発技術者が東京圏に集中する過程では、空間的に離れた個人と就業機会（企業）を結びつける紐帯として、高等教育機関が決定的に重要な役割を果たす。特に地方中核都市からの就職には研究室・指導教官を、地方圏からの就職には学校の就職担当部門を入社経緯とする就職が典型的にみられる。

　就職の結果の良し悪しは学歴に起因する部分が大きいものの、最終学歴修了地にみられる入社経緯の偏り、グラノヴェター流にいえば最終学歴修了地に埋め込まれた入社経緯は、研究開発技術者の就職に、学歴のみによっては説明できない地域的特性をもたらす。地方圏を最終学歴修了地とする者は、大学院卒者が少ないという学歴上の不利があるが、就職担当部門を介した就職が多いことで、東京圏の比較的良好な就業機会にアクセスすることが可能となっている。従業員規模が3万人を超えるような巨大企業になると、最終学歴修了地による学歴の影響、あるいはそこに立地する大学の特徴が、就職の可能性を大きく左右するようになる。特に旧帝国大学を中心とする地方中核都市の高等教育機関では、研究室や指導教官を窓口として東京圏の巨大企業とのネットワークが形成されており、それを介して学生に良好な就業機会が提供されている。

こうした分析から、研究開発技術者の新規学卒労働市場では、高等教育機関の果たす役割がきわめて大きいことが明らかになった。特に東京圏外からの就職を行う者にとっては、教育機関が空間的なギャップの橋渡しをするとともに、良好な就業機会を確保する働きをもしている。そしてそのことは、高度成長期から1980年代にかけて、研究開発技術者が東京圏の大企業に集中する構造が形成される過程に、高等教育機関が重要な役割を果たしてきたことを示唆している。

　2、3節は高度成長期から1980年代にかけて就職した研究開発技術者が主な対象であったが、4、5節は現在の研究開発技術者の新規学卒労働市場に関連した分析であった。4節では、各地域の大卒者が東京圏を就職先地域としている割合を専門分野ごとに比較分析した。その結果、工学部は他の専門分野に比べて所在地が地方圏に分散しているにもかかわらず、卒業者が東京圏の企業を志向する傾向が強いことが明らかになった。現在では地方圏でも研究開発技術者に対する需要が高まっているが、それでも地方圏の工学部卒業者は就職時に東京圏に移動する傾向が強い。

　5節では、九州に立地するA大学工学部機械学科を事例に、工学部の就職先企業が決定されるプロセスを詳細に分析した。学科に送られてくる求人票は大都市圏の大企業のものが多く、学生もそうした企業を第一志望とすることが多いが、マッチングの場が学科に一元化されていることにより、労働市場において学生と企業が双方を探索するコストは低減される。また、過去の採用実績は就職希望企業を選定する重要な基準であり、結果的に就職先地域にも影響を与える。採用実績や人事担当者の来学などを通じた企業との信頼関係を尊重し、1人1社制を原則とする工学部の学科推薦制度の下では、地元で就職するか大都市圏への就職かという迷いに決着を付けた上で就職活動に臨まざるを得ず、結果的に就職先の大都市圏集中が助長される。多少の差異はあろうが、学科推薦を通じた就職は地方圏において最も顕著に見られることからも、少なくとも地方大学工学部ではA大学工学部機械学科と同様の現象が生じていると考えられる。

　今のところ、地方圏の理工系高等教育機関は、研究開発技術者を地元に十分

供給できていない。その一因は、地方国立大学の工学部の学科編成にもある。地方国立大学の中には、戦前に専門学校として設立された当初は、地域の産業構造に対応した学科構成を示していたものもあったのだが（天野・江原1975)[39]、戦後の教育機関のヒエラルキー構造に取り込まれてゆくなかで、次第にその頂点をなす旧帝国大学と同形化していった。結果としてほとんどの地方国立大学は、機械、電気、化学の各分野を核とするフルセット型の工学部をもつことになったのである（清水編1975）。地方圏でも次第に研究開発技術者の需要が増えてはいるが、特定の業種に依存している地域が多いため、研究開発技術者に対する需要も偏ったものとなる。ところが多くの地方国立大学の工学部はフルセット型ゆえに、地元ではあまり需要のない分野の人材を育成する一方で、その地域で必要とされる分野の人材需要には必ずしも対応できていない場合がある。

　地方国立大学の工学部拡充が地方圏出身者に進学と社会的・経済的地位達成の機会を与えてきたことは評価されてよい。地方圏の人材を大都市圏にトランスファーする機能を担っていたことも、国全体の経済成長が最優先であった高度成長期には正当化されえたであろう。学校推薦を利用した就職を行う限り、就職先選択の自由が損なわれることは高度成長期も今も変わらないが、高度成長期には就職先選択の自由を犠牲する代わりに、大企業の研究開発職への就職が約束されていた。しかし意思決定の自由を犠牲するに値する就職先が、今後とも確保されてゆく保証はない。そうした状況において「自らの地域で生活し労働する権利」を求める動きが高まりを見せてきたとき、これまでの地方国立大学工学部の学科編成や就職プロセスのあり方はレリバンスを低下させる。

　地方圏の製造業は、低賃金労働力ではもはや中国やASEAN諸国に太刀打ちできなくなり、設計機能や開発機能の充実を迫られている。地方国立大学が国家のための大学である前に地域のための大学であるとすれば、地元の地域労働市場の実情を踏まえ、必要とされる人材を供給できる体制への変革が必要であろう。それは、「自らの地域で生活し労働する権利」を求める学生たちにとって、歓迎すべき変革となるはずである。

注

1) 具体的にはある程度の企業規模がないと内部労働市場を発達させられないことや、業績に基づいて技術者に適切なインセンティブを与えることの難しさなどがあげられている。
2) このことは、多くの調査（日本生産性本部 1989、1990a、b、1991；日本技術士会 1994；石井 1993a など）によって明らかになっている。石井（1993a）によれば、同じ 1960 年の卒業生で比較した場合、転職未経験者の割合は東大・東工大卒者が 73.4% であるのに対し、MIT 卒者はわずか 18.9% であった。また、日本生産性本部（1990a）によれば、イギリスでは 41 歳以上の研究開発技術者の 70% 以上が転職を経験していたのに対し、日本のそれは 10.7% でしかなかった。
3) 今回の調査では、特定の学会員を対象としたため、全産業分野の研究開発技術者を視野に入れた分析はできない。しかし電気機械工業、輸送用機械工業を始めとした機械関連産業は、製造業における研究者数の 64.5%、使用研究費の 67.1% を占めている（平成 11 年度版科学技術白書による 1997 年度の値）。またわが国が強い国際競争力を保持しているのも、これら機械関連の加工組立型産業である。こうした実情をふまえれば、本章は、わが国の研究開発活動にとって、きわめて重要な位置にある業種を中心に分析ができる意義があると考える。
4) 大学学部卒は 44.8%（337 人）、高専・短大卒は 3.5%（26 人）であった。
5) 調査票では、「あなたが現在ご在籍の企業・機関の、グループ全体の従業員規模をお聞かせ下さい」という質問で対象者の所属する企業の規模を把握した。これは、特に大企業において、研究開発部門を別会社として独立させる場合があるため、個別企業の規模よりもグループ規模を聞いた方が実情にかなっていると判断したためである。
6) 内訳は、電気機械 28.3%、輸送用機械 20.7%、一般機械 19.3%、精密機械 5.2% である。
7) 旧帝国大学が理工系高等教育において果たす役割は現在でも大きく、各大学の入学定員、学校基本調査などから推計すると、2000 年の時点でもわずか 6 校の旧帝大（東京大学を除く）が東京圏以外に立地する大学の理工系学部入学者数（医学、保健などを除く）の約 1 割を占めている。
8) 最終学歴修了地は東京圏が約 60%、地方中核都市が約 25%、地方圏が約 15% でほぼ一定しており、世代による偏りは小さい。
9) 東京圏が 26.4% の増加であるのに対して、地方中核都市は 56.7% の増加である。
10) 就職に際して地方中核都市から東京圏に流入した 148 人のうち、69 人が地方中核都市出身者、67 人が地方圏出身者である。
11) 以下、企業規模と略す。なお、アンケートでは、現在所属している企業グループの規模をたずねているため、企業規模に関係する分析は、転職経験のない対象者に限って行う。
12) 神代（1983：36）の概念規定によれば、賃金が相対的に高く、雇用も安定しており、付加給付面でも相対的に優遇され、職業上の地位も高い雇用機会である。
13) Haberman の調整残差の検定による（エヴェリット 1980）。

14) このカテゴリーに含まれる企業の例には、日立製作所、東芝、三菱重工業、日産自動車などがある。
15) 地理学の分野では、川田（1992、1993）や中川聡史（1996）が地域人口の学歴構成を地域格差の指標とし、就職移動が大卒者人口の地域的分布に与える結果を論じている。また、教育社会学の分野でも、職業を通じた個人の地位達成や地方圏に対する中央（東京圏）の優位性の現われとして、主に大都市圏への就職移動が注目されてきた（清水編 1975；塚原・小林 1978；池田 1980；林 1997；粒来・林 2000）。
16) 既存研究の多くは、資料として学校基本調査を用いてきたが、同調査では大学の立地都道府県内への就職者数とそれ以外の地域への就職者数しか把握できない。
17) なお、今日では学部の名称が多様化しているため、学校基本調査の附表「学科系統別分類表」を参考に、各学部を 11 のカテゴリーに統合したものを専門分野とする。
18) 就職先が内定した時点で職種がどの程度決定しているかについては、岩内ほか（1995）による調査がある。
19) 医学、歯学、薬学、看護学などの学部からなる。
20) 医学部を含む保健は、医局の存在が就職と研修の分離を難しくしているため、分析からは除外している。
21) ここでは、学部とも上位 5 位までの就職先都道府県について集計しているが、表Ⅲ-8 に示したように各学部とも 5 位までの累積人数によって『全国大学・短大・高専要覧 2001』で把握できる全就職者の約 8 割をカバーしている。
22) 教育系学部の 88.4％が学部所在都道府県を就職先第 1 位としている。
23) 近畿の大卒者が近畿に就職する割合は、人文科学 67.5％に対して社会科学 54.0％、工学 61.1％である。
24) 『平成 11 年度人材ニーズ調査』の理科系には理学部、農学部などの出身者に対する需要が含まれている。しかし学校基本調査によれば、2000 年 3 月に理学部、農学部、工学部を卒業して就職した者のうち、77.8％は工学部が占めているため、便宜的に『平成 11 年度人材ニーズ調査』の理科系を『全国大学・短大・高専要覧 2001』の工学に対応させて考えても問題はないと考える。
25) この調査も『全国大学・短大・高専要覧 2001』と同様に、人材の需要は企業の本社所在地ごとに集計されている。
26) 人材銀行は管理職、（技能職を含まない）技術職、専門職を取り扱い範囲とする国の職業紹介機関である。
27) 代表的な研究としては、苅谷（1991）、苅谷ほか（2000）、竹内（1995）などがある。
28) ここに記されている就職先地域もまた、就職先企業の本社所在地と考えられる。
29) 学生の受入先はその年度の就職担当教官が確保し、リストを提示して学生に選択させる。長期にわたる不況で受入先の確保が困難になったことから、工場実習は 1999 年度から選択科目となった。

30) 近年インターンとして学生を受け入れる企業が登場し、既に学生にインターンを行った企業から声がかかった例もある。しかしこれまでのところインターンに参加する学生の絶対数は少ない。
31) 共同研究先などに就職先のつてを持っている教官もいるが、そうした情報も就職担当教官に開示してもらっているため、就職情報は学科に一元化されている。
32) 2000年度の就職者のうち、自由応募によって就職先を決定した者は、学部卒業生が61人中4人、修士課程修了者では29人中3人とごく少数である。
33) 求人票にはおもな勤務地が2ヶ所まで記されている。1999年度の求人票によれば、求人票を寄せた503社のうち、298社（59.2%）は主な勤務地として南関東各県を挙げており、近畿、東海についてもそれぞれ166社（33.0%）、66社（13.1%）を主な勤務地としていた。また、来学した企業87社のうち、おもな勤務地として地元県が記されていたのは17社にとどまる一方、九州各県の勤務地がない企業が27社あった。
34) 修士の場合は単位数が少ないため、修士課程入学時の成績（学部時代の成績＋修士課程入学試験の成績）を基準にする。
35) 残念ながらいずれも学部卒業者と修士修了者を区別することができない。
36) ただし卒業後5年くらいまでは住所や勤務先が空欄であったり、在学時の住居と思われる住所が記されていたりすることが多いので、分析は1995年度卒業生までに限定する。
37) リクルートワークス研究所編（2000）によれば、大卒理系男子の求人倍率は1989年3月卒の3.62が最高であり、前年度の1988年3月卒は大卒理系男子と大卒文科系男子の求人倍率の差が最大（理系3.44、文科系2.38）の年であった。比較可能な最近時である1996年3月卒では大卒理系が1.60、文科系が1.14である。
38) 2000年度の学科在籍生に配布された冊子には、1993〜1999年度までの7年間の採用実績が記されている。
39) 代表的な例は、創設費の全額を藤田、岩崎、古川の三大鉱業資本に仰いで設立された秋田鉱専である。また、色染と紡績の学科構成で1915年に設立された桐生工専や、1910年に長野県上田に設立された蚕糸専門学校など、繊維工業地域にはそれに見合う高等教育機関の設立がみられた。

IV
研究開発技術者の企業内キャリアと住居経歴

1. 問題の所在

　今日の日本に暮らす人の多くは、特に男性の場合、人生の時間の多くを企業などの組織の一員としてすごす。そして組織の一員であることは、その人のライフコースにさまざまなかたちで影響を及ぼす。本章では、日本的雇用体系の下で形作られるライフコースの典型を、企業組織の一員としての研究開発技術者を題材にとって描き出してゆく。

　個人の職業キャリアは、企業間の移動である転職と企業内における人事異動の連鎖として描き出される。とりわけ日本では、同一企業においてさまざまな職場を経験し、実務経験をつんでゆくなかで従業員の技能を高めることが重視されるため、企業内での人事異動の重要性が高い。企業内における人事異動は、ひとつのプロジェクトの遂行を目的とした短期的なものから、幹部候補者の人材教育や昇進過程の一環という長期的な視野に立ったものまでさまざまである。いずれの人事異動も、基本的には企業組織の効用を高める目的で行われる。その目的が達成されようがされまいが、従業員にとっては人事異動がもっぱら企業組織の意向によって行われている事実に変わりはない。

　転勤はしばしばそれを経験する者に住居移動を余儀なくさせる。先進資本主義国では、転勤は都市間人口移動を引き起こす主要因の1つに数えられてきた（McKay and Whitelaw 1977 ; Johnson and Salt 1980 ; Salt 1990）。わが国でも転勤が人口の地域的配分に果たす役割は大きい（谷 2000）。転勤を行うことは、その当事者が企業組織内での地位を高めるためには役立つかもしれ

ない。しかしそれによって引き起こされる住居移動は、労働以外の生活の諸局面における個人の要求、とりわけ随伴移動を余儀なくされる家族のそれとはしばしば相容れない。転勤に関する地理学的研究は決して豊富とはいえなが、少ないながらもいくつかの研究（荒井・大木 1999；石川 1994：143-166；柴田 1979；山口 1979b；Wiltshire 1983）が断続的になされてきた背景には、転勤に付随した住居移動が個人の意思によらず発生すること、そしてそれが従業員およびその家族のライフコースに大きな変化をもたらすことをある種の社会問題とする認識があった。

　雇用主である企業は、職場における労働だけでなく、従業員の家族の再生産の領域にも、雇用期間全体にわたって意識的に介入する。戦後日本の賃金体系のシンボルとも言える電産型賃金体系は、本来労働の対価であるはずの賃金が、年齢、勤続年数、扶養家族数、地域といった、労働の成果や質とは無縁の指標で決定される仕組みである（孫田 2000）。すなわち賃金が従業員の再生産活動を掌握する手段として使われたのである。また大企業の従業員の場合、独身期は独身寮に、結婚してからは家族寮に住み、低廉な入居費をいかして貯えた頭金と企業の用意する住宅ローンを併用して持家を取得するというモデル的な住居経歴が設定されている（趙・深海 1990；大本 1996）。さまざまな経歴の束からなるライフコースのうち、日常的な空間的行動の基点となる住居経歴は、企業による介入から自由ではないのである。

　ライフコース概念におけるライフサイクル効果を、それが個人の発達・成長に起因することから内的要因と言い換え、時代効果を外的要因と言い換えることは妥当であろう。これまでのライフコース研究は、ライフサイクル概念の批判的発展形という系譜上の特徴もあって、主要な関心は内的要因に向けられた。外的要因、あるいは本書でいうところの社会経済的背景は、文字通り「背景」にとどまり、ライフコースに偶発的な偏倚をもたらす二次的な要因としてしか扱われなかった。本章では企業組織の一員であることが個人のライフコースに与える影響を問題にする。しかし「企業組織の一員であること」を外的要因に分類することは、必ずしも適切ではないかもしれない。なぜならここまでの説明からも明らかなように、企業は意図を持って従業員のライフコースに介

入するのであるから、企業の影響はもはや単なる背景ではありえない。数多くの事業所を持ち、組織独自の制度や価値観（企業文化）が発達した大企業ほど、その一員であることが従業員のライフコースに及ぼす力は強くなる。典型的な大企業勤務者である研究開発技術者は、隠れた意思決定者の主体である企業が個人のライフコースに与える影響を考察するのに適した対象であるといえよう。

2. 研究開発技術者の転居と転勤

ライフコースは人生におけるさまざまな経歴の束である。日常生活の基点をなす住居の連鎖である住居経歴は、ライフコースの重要な構成要素である。本節では、転居や転勤がどの年齢時点でどのような特徴を伴って発生しているのかを明らかにすることを通じ、研究開発技術者のライフコースの一側面を描き出すことを目的とする。転居と転勤に関する分析に入る前に、対象者の現住地の分布を概観しておく。対象者の現住地は都心から20〜50キロ圏を中心にほぼ一様に散らばっている（図Ⅳ-1）。転居回数の平均値は2.45回であり、対象者は学卒後2〜3回の住居移動を行って現住地に至っていることになる。

（1）転勤の発生と転居への影響

大学や大学院を修了し職を得た研究開発技術者は、30年以上にわたる職業キャリアを歩んでゆくなかで、幾度かの転勤を経験することが普通である[1]。企業にとって従業員の転勤は、プロジェクトの遂行や人材育成の一環にすぎなくとも、従業員やその家族にとっては、しばしば転居を余儀なくされ、生活に大きな変化をもたらす出来事である。対象者においては、勤務先の変化を伴った転居、すなわち転勤によって引き起こされた転居は転居総数の41.6％にのぼっており、転居の発生原因としての転勤の意味は大きい（図Ⅳ-2）[2]。40歳以降では転勤が転居の主な発生原因といっても過言ではなく、結婚や持家の取

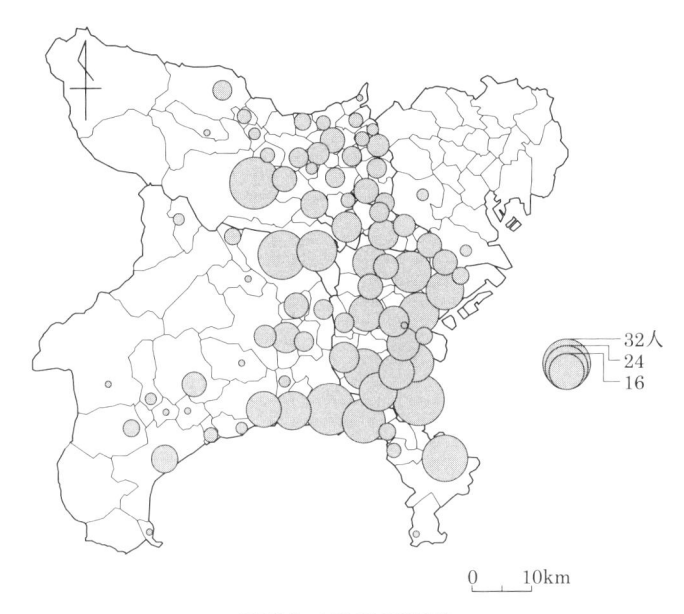

Ⅳ 研究開発技術者の企業内キャリアと住居経歴 67

図Ⅳ-1 対象者の現住地
資料:アンケート調査により作成。

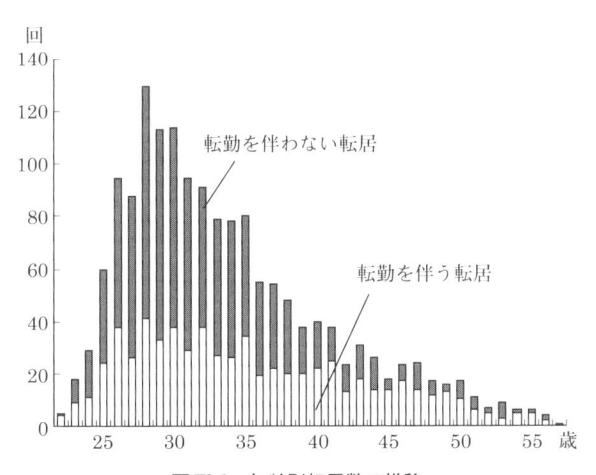

図Ⅳ-2 年齢別転居数の推移
資料:アンケート調査により作成。

得を経験する20歳代後半から30歳代前半にかけても転勤による転居が約3分の1を占める。対象者が東京圏内での転勤と同時に行った226回の転居のうち、24.3%に相当する55回は、持家の初取得につながっている。このことから、持家取得を考えていた時期に転勤が起こり、それが持家取得の契機となることもあったと考えられる[3]。後に見るように、結婚や持家取得など、特定の年齢層に集中するライフイベントが転居の発生を大枠で規定しているものの、転勤が転居の発生を各年齢層とも一様に底上げしている効果は大きい。

　転居を余儀なくされるような転勤は、おもに東京圏内と圏外との間で発生するものであるが、すべての研究開発技術者がそうした長距離の転勤を経験するわけではない。転勤の多くは東京圏内で行われており、東京圏外（海外を含む）を発着地のいずれかとする転勤移動（圏外移動と称する）を経験した者は33.5%である。学卒時の勤務地が東京圏外にあった者は、調査時までに少なくとも1回は圏外移動を経験して東京圏内に移ってくることになるので、学卒時の勤務地が東京都・神奈川県内であった630人に限ると、圏外移動の経験者は22.4%となる。今後退職までの間に圏外移動を経験する可能性を上乗せしても、学卒時の配属先が東京都・神奈川県であった研究開発技術者についていえば、就職から退職までの期間に東京圏外への転勤を経験する者はせいぜい3人に1人程度であると見積もられる。圏外移動が発生した時点における対象者の年齢の内訳は、20歳代が23.8%、30歳代が39.7%、40歳代が28.4%、50歳代が8.1%であり、すでに世帯を形成し、子供の誕生や持家の取得を経験した者が多くなる35歳以降の割合が50.6%を占める。このことから、圏外移動を命じられた研究開発技術者とその家族は、住宅や子供の教育などのさまざまな問題に直面したと予想される。なお、圏外移動を経験した研究開発技術者の多くは、数年すると再び東京圏に戻ってきている[4]。

　地方圏出身の研究開発技術者の中には、いったん東京圏に職を得たものの、ライフコースの半ばで出身地へと帰還する途を選んだ者もいるであろう。本章は東京圏に居住する者のみを対象としているので、還流移動者がどの程度にのぼるのかを知ることはできない。III章の図III-2には九州に立地するある国立大学工学部機械学科卒業生の現住地を示している。卒業年によるコーホート別

に現住地の構成比を見ると、いずれのコーホートも大学が立地する地元県に居住する割合が約 20%、地元県を含む九州に居住する割合が約 40% でほぼ一定である。この大学では工学部学生の 90% 以上が九州出身者であることを考えると、いったん九州外に就職した研究開発技術者の還流移動率はかなり低いとみられる。いっぽう江崎ほか（2000）は、宮崎県出身でいったん三大都市圏に他出した大学（大学院）卒者のうち、1998 年時点で宮崎県に居住していた者の割合を、1966〜68 年に高校を卒業したコーホートについて 59.8%、1976〜78 年卒のコーホートについて 66.8% と報告している。ここでの考証だけで結論付けることはできないものの、研究開発技術者の還流移動率は大学（大学院）卒者一般に比べて低いものと考えられる。東京圏に定着するライフコースを選んだ研究開発技術者のなかには、東京圏から出ることなく職業人生を全うする者も多い。仮に圏外転勤を経験したとしても数年で戻ってくることになるので、生活のベースはあくまで東京圏にあるといえる。

（2）　ライフサイクルに伴う転居と給与住宅

　東京圏内に職を得た研究開発技術者の多くは、就職と同時に単身生活を始め、勤務先にほど近い独身寮などから職業生活のスタートを切る。結婚すれば独身寮を出てアパートなどに住むようになり、子供の誕生、成長、進学を機に、より広い居住スペースを求めて転居する。そして最終的に多くは持家を取得し、一部はさらに持家の住み替えを行い、大都市圏内に定着してゆく。

　こうした住居経歴に転勤が多大な影響を与えていることは先に見てきた通りであるが、これまでの研究では、転居の発生要因の主要な部分はライフサイクルの進展に伴う世帯状態の変化によって説明されてきた。そこで、まずライフサイクルに沿って研究開発技術者の住居経歴を見よう。図IV-3 は年齢別の結婚と持家取得の発生度数を棒グラフで、5 年間の移動率（5 年前の住所が現住地と異なる者の割合）を折れ線グラフで表したものである。既婚者の平均結婚年齢は 28.8 歳であり、持家初取得の平均年齢は 34.5 歳である。結婚と持家取得は転居をもたらす重要なライフイベントとされているが、研究開発技術者においても 30 歳代の移動率が高く、この 2 つのイベントの発生と移動率の変

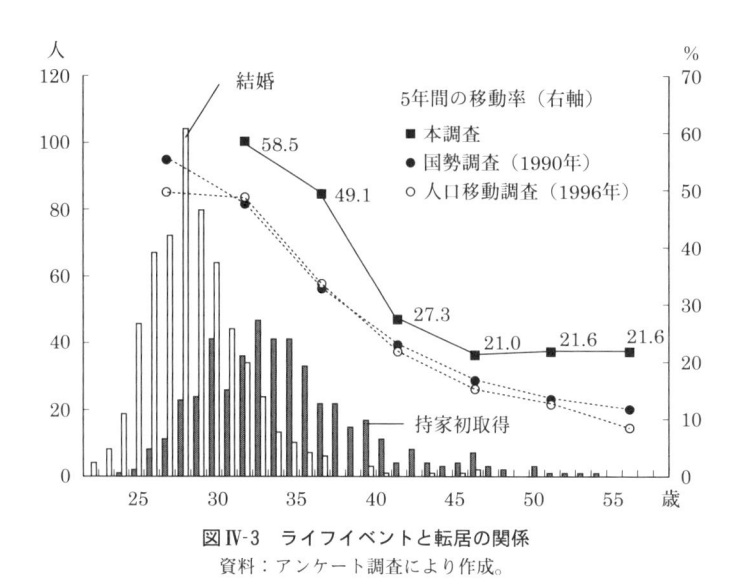

図Ⅳ-3 ライフイベントと転居の関係
資料：アンケート調査により作成。

動がよく対応している。国勢調査や人口移動調査から得られる移動率と比較すると、本章の対象者は30歳代と50歳代の移動率が特に高い。本章の対象者には東京圏外の出身者が多く含まれるため、持家取得に伴い30歳代に転居が頻繁に行われたとみられ、また50歳代の移動率の高さは転勤の発生に起因すると考えられる。ただし国勢調査や人口移動調査の結果はさまざまな属性の人々を対象としているため、研究開発技術者の移動性が特に高いかどうかは判断できない。

　結婚や持家取得が特定の年齢に集中して起こること、およびそれが転居の発生を規定していることはこれまでにも指摘されてきた。しかし給与住宅を介した転居がきわめて多いことは、研究開発技術者に特徴的な点として指摘できる（図Ⅳ-4）。川口（2002）が長野県出身の東京圏居住者の住居経歴を分析したところ、移動総数773に対して給与住宅を介した移動は306（39.6%）であった。これに対し本章の対象者の場合、移動総数1,590のうち、給与住宅を介した移動は1,085（68.2%）に達している。また、就職直後の住居形態をみると、対象者の約60%が給与住宅に居住しており、世代を問わず親元からの通勤が困難な者の大多数が独身寮に入居していた（表Ⅳ-1）。多くの独身寮は通勤に

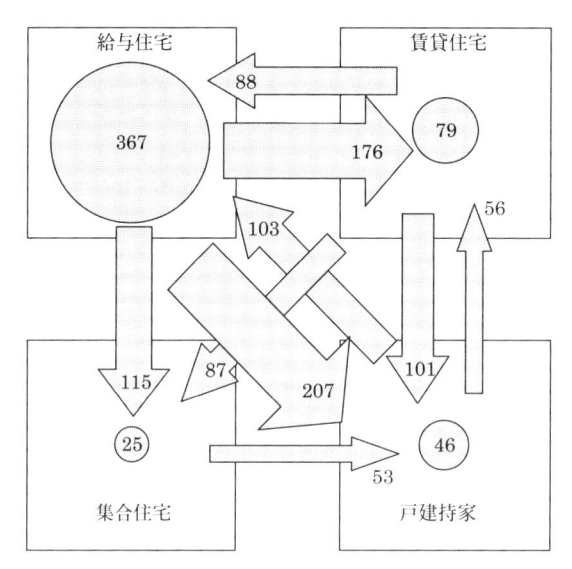

Ⅳ 研究開発技術者の企業内キャリアと住居経歴 *71*

```
       給与住宅              賃貸住宅
                ⇐ 88
       ○                    ○
       367      176 ⇒        79
                                    ↑
              ↗103              56
           ↙87  ↘             ↑
       ⇓115    207     ⇑101
       ○              ○
       25      53 ⇒   46

       集合住宅             戸建持家
```

注) 図中の数字は移動数を表し、円は住居形態を変えない移動を表す。なお50例以下の移動流は省いた。

図Ⅳ-4 居住地移動に伴う住居形態の変化
資料:アンケート調査により作成。

便利な場所にある。対象者の就職直後の通勤時間は、給与住宅居住者が平均34.3分であったのに対し、賃貸住宅居住者は44.3分、親元からの通勤と思われる戸建持家居住者は61.4分であった。通勤時間の短かさに加え、給与住宅の家賃は市価と比べて著しく安い[5]。残業や長時間労働が発生しがちな研究開

表Ⅳ-1 対象者の就職直後の住居形態

		給与住宅	賃貸	戸建持家	集合持家	不明	合計	
調査時年齢	20歳代	64.3%	4.8%	28.6%	2.4%	0.0%	100.0%	42人
	30歳代	70.3	9.0	17.1	1.8	1.8	100.0	111
	40歳代	64.1	12.1	19.0	2.2	2.6	100.0	231
	50歳代	55.4	16.8	24.9	1.7	1.2	100.0	345
	不明	52.2	8.7	30.4	0.0	8.7	100.0	23
合計		60.6%	13.3%	22.3%	1.9%	1.9%	100.0%	752人

資料:アンケート調査により作成。

発という職務を念頭においたとき、入社したての研究開発技術者にとって、職場に近くて家賃が安い独身寮に入居することを否定する理由は少なかったであろう。

給与住宅は転勤時に一時的な住居を提供するだけでなく、若年未婚者に対する貴重な居住機会でもあった。さらに結婚後も世帯向けの給与住宅に移り、そこからの住み替えによって持家を取得した世帯も多い[6]。給与住宅からの移動によって持家を取得した者は、全取得者539人中279人（51.8％）を占めているのである。ここに家賃の安い給与住宅での居住期間を資金蓄積期間と位置づけ、持家の取得を促進して労働力の定着を促すという、わが国の大企業に典型的な住宅政策の一端をみることができる。給与住宅の整備率は一般に企業規模が大きいほど高くなるので[7]、このことは日本の大企業従業員の特徴というべきものであるが、中でも研究開発技術者は企業の技術基盤を支える貴重な人的資源として手厚い福利厚生を享受していたといえよう。

3. 研究開発技術者の企業内キャリア

これまで研究開発技術者のライフコースのうち、転勤や住み替えによる住居経歴をみてきた。人生の少なからぬ時間をすごす場である職場において形成される職業キャリアもまた、ライフコースの中できわめて重要な意味を持つ。研究開発技術者は、高等教育機関という紐帯を活用して就職した後、職業人生の多くの期間を一つの企業で送る者がほとんどである。したがって研究開発技術者の職業キャリアは、実質的に企業組織内における個人の位置の軌跡すなわち企業内キャリアとみなすことができる。本節では研究開発技術者としてのキャリアが終盤を迎えつつある50歳以上の対象者（345人）について、転勤に伴って職務がどのように変化してきたのかを企業内キャリアの観点から考察する。

日本の研究開発技術者の企業内キャリアは、日本の産業競争力の鍵とされてきた（今野1991；榊原1995）。伊藤（1988）は日本の加工組立型産業の企業が持っている国際競争力の主要な源泉の一つとして、新製品の開発から生産に至るまでの一連の工程において、技術移転が人の移動を伴いながら行われてい

ることにあるとした。そして研究開発機能を中心に日本の加工組立型産業の企業組織の特徴を概念化し、それをネットワーク型研究開発組織と呼んだ（伊藤 1992）。ネットワーク型研究開発組織では、全社に共通した基盤技術の研究開発に関しては中央研究所が担当し、事業部門ではそれぞれが分担して製品開発を行う。それぞれの研究所が担当する領域はオーバーラップしており、研究開発は生産部門や営業部門なども参画させたプロジェクト方式によって行われる。その際各組織間で研究開発技術者が応援や配置転換、ローテーションといった人事異動をかなり活発に行っており、組織間の連絡と技術移転をより円滑にしている[8]。

日本の研究開発技術者に見られる幅広い移動のもつ効用は、企業組織内における技術や知識の伝達が円滑に行われることにとどまらない。技術営業や製造の現場を経験することにより、研究開発技術者はいたずらに性能だけを追及するのではなく、作りやすい製品や売りやすい商品を開発、設計しようとする意識を身につけるのだという。人事異動が特定の個人から切りはなして伝えることのできない情報や技能の伝達と、OJTによる従業員の職業キャリア構築を目的として行われることは、事務系ホワイトカラーにも共通することである。つまり部門の壁を越えた幅広い移動を行うという日本の研究開発技術者のキャリアに見られる特徴は、研究開発技術者の人事異動が事務系ホワイトカラーと同様の観点で行われていることによるものと理解できる。

日本企業にはあらゆる部門の従業員を職務内容にかかわらずその企業固有の尺度で評価し処遇しようとする傾向があり、研究開発技術者もキャリアの後半では事務職と同様に管理職として処遇されることが多かった（ウェストニー 1995；開本 1998）。日本生産性本部の調査（1989）では、若い研究開発技術者は研究開発の第一線で自らの職業キャリアを全うしたいと考える者がほとんどであったが、これまでの日本企業は事実上高い処遇を与えるためには管理職に昇進させる以外の方法を持っていなかった（福谷 2001）。近年では研究開発技術者の処遇について見直しが進み、一部の企業では個人の適性に合わせて研究開発技術者としての職業人生を歩み続けるルートと、キャリアの半ばで管理職に転ずるルートの両方が選択可能なデュアルラダー（二重はしご）システム

と呼ばれる人事制度が導入されている。こうしたシステムは従業員の能力をより効率的に活用するものとして期待される反面、日本企業への適応については既存の企業組織や労働市場との擦りあわせの難しさも指摘されている（岡田 1997）。

企業内キャリアは報酬としての賃金のみならず、個人が従事する仕事の内容やそこから得られる満足度などとも密接に関係している。企業内キャリアのこうした側面に焦点を当てた研究は、経営学などでは比較的よく見られる[9]。こうした研究では、職務満足度や所属組織に対する評価といった、個人が企業内キャリアに対して持つ意識と、特許や論文あるいは製品開発といった具体的なアウトプットの間に直線的な因果関係を仮定し、回帰分析などに持ち込んでいる場合が多い。そうした分析からは、企業組織がより多くの成果を得るためには、研究開発技術者の職務満足度や組織コミットメントを高めるべきという結論が得られることになるが、モデルの説明力は弱いことがほとんどである。

II章で述べたように、本書では個人の価値意識や理想像を明らかにするよりも、個人が実際に経験した客観的に把握可能な事実に基づいて個人の人生を再構成することに重きを置く。したがってここでも研究開発技術者が企業内キャリアに関して持つ価値意識や理想像には踏み込まず、研究開発技術者の企業内キャリアが実態としてどのようなものであり、いかなる労働条件のもとに置かれているのかを客観的に把握することに努める。そしてそこから得られる知見が、研究開発技術者のライフコースの中でどのような意味を持つのかについて議論する。

（1）転勤に伴う職務の変化

研究開発技術者の転勤の性格は、40歳を境に大きく変化する。転勤に伴う職務の変化を見ると（表IV-2）、40歳以前の転勤では、研究職としての職務を変えずに勤務先だけが変化する転勤が全体の3分の1以上を占めている。また、研究開発と現場の管理運営（以下現場）の結びつきも見られ、研究開発の成果を製品化し現場に移転する意味合いを持つ人事異動も存在する。しかし総じて職務間の移動を伴う転勤は少なく、40歳以前では研究開発技術者の多く

表IV-2 転勤に伴う職務の変化

<table>
<tr><th colspan="3"></th><th colspan="6">転勤後の職務</th><th rowspan="2">合計</th></tr>
<tr><th colspan="3"></th><th>研究開発</th><th>設計</th><th>事務的管理職</th><th>事務・営業</th><th>現場の管理・運営</th><th>その他</th></tr>
<tr><td rowspan="14">転勤前の職務</td><td rowspan="7">40歳以前</td><td>研究開発</td><td>105</td><td>7</td><td>7</td><td>7</td><td>17</td><td>3</td><td>146回</td></tr>
<tr><td>設計</td><td>8</td><td>20</td><td>3</td><td>6</td><td>5</td><td>1</td><td>43</td></tr>
<tr><td>事務的管理職</td><td>3</td><td>0</td><td>7</td><td>0</td><td>3</td><td>0</td><td>13</td></tr>
<tr><td>事務・営業</td><td>1</td><td>4</td><td>3</td><td>9</td><td>5</td><td>0</td><td>22</td></tr>
<tr><td>現場の管理・運営</td><td>22</td><td>2</td><td>7</td><td>5</td><td>37</td><td>0</td><td>73</td></tr>
<tr><td>その他</td><td>4</td><td>1</td><td>0</td><td>1</td><td>0</td><td>1</td><td>7</td></tr>
<tr><td>合計</td><td>143</td><td>34</td><td>27</td><td>28</td><td>67</td><td>5</td><td>304回</td></tr>
<tr><td rowspan="7">40歳以降</td><td>研究開発</td><td>83</td><td>5</td><td>33</td><td>12</td><td>11</td><td>2</td><td>146回</td></tr>
<tr><td>設計</td><td>4</td><td>10</td><td>8</td><td>4</td><td>4</td><td>0</td><td>30</td></tr>
<tr><td>事務的管理職</td><td>3</td><td>0</td><td>40</td><td>5</td><td>13</td><td>0</td><td>61</td></tr>
<tr><td>事務・営業</td><td>13</td><td>2</td><td>2</td><td>12</td><td>0</td><td>0</td><td>29</td></tr>
<tr><td>現場の管理・運営</td><td>7</td><td>3</td><td>23</td><td>7</td><td>33</td><td>1</td><td>74</td></tr>
<tr><td>その他</td><td>1</td><td>0</td><td>0</td><td>0</td><td>0</td><td>2</td><td>3</td></tr>
<tr><td>合計</td><td>111</td><td>20</td><td>106</td><td>40</td><td>61</td><td>5</td><td>343回</td></tr>
</table>

注) 調査時に50歳以上の者のみを対象とする。
資料:アンケート調査により作成。

が研究開発および設計の部門のなかで人事異動を経験している。

　40歳以降になると、研究開発や現場から事務的管理職（以下管理）への職務間移動を伴う転勤が増加する。しかしその逆の移動はほとんど見られず、研究開発から管理へという企業内キャリアの流れはおおむね一方通行である。その結果、各職務の人数は大きく変化し、研究開発や設計の職に従事する者は176人から131人に減少するのに対し、管理の職に就く者は61人から106人に増加する。すなわち30歳代までの転勤は、広い意味での研究開発技術者の職務を担ったまま、事業所間を行き来することが多いのに対し、40歳以降の転勤は研究開発から管理職へという職業キャリア上の大きな転換を伴って起こることが多い。その結果、研究開発技術者が50歳代を迎えるころには、研究開発の実務に携わるものよりも、むしろ管理事務職に従事する者のほうが多くなる（図IV-5）。したがって研究開発技術者のキャリアパスは、そのまま研究

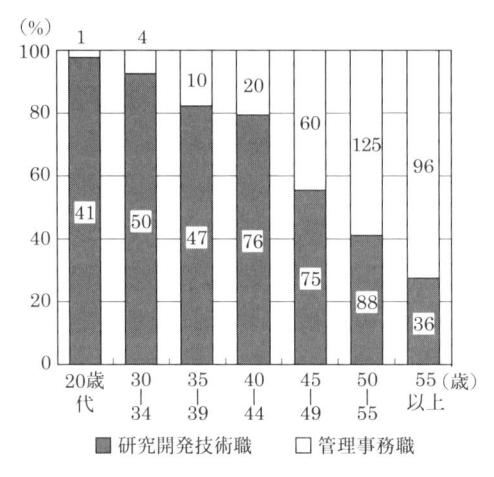

図Ⅳ-5 対象者の年齢と職務
資料:アンケート調査により作成。

開発技術者として職業キャリアを終えるものと、最終的には管理職にたどり着くものとの2つに大別されるとする二重はしごの形態ととらえるよりも、全従業員を共通尺度で評価・処遇するため、研究開発技術者もキャリア後半では事務職と同様に管理職として処遇されるとする包括的一元管理ととらえるほうがより実情にかなっていると考えられる。しかし管理職への転換の程度が企業によってかなり異なっていることは、後にみる個別企業の事例が明らかにしてくれるであろう。

こうした転勤に伴う職務の変化は、転勤先の地域とどのように対応しているのだろうか。職務のカテゴリーを「研究開発・設計」、「管理・事務」、「現場」、「その他」の4つに集約し、地域を「都心」、「臨海」、「郊外」、「国内」、「海外」の5つに分けて職務の変化と勤務地の関係をみた（表Ⅳ-3）。なおこれらの地域区分は、東京都心部（「都心」）の本社および京浜工業地帯中核部（「臨海」）の母工場を中心に、大都市圏郊外部（「郊外」）に研究開発機能を配し、量産工場は地方（「国内」）に分散させるという、わが国の製造業の企業に典型的にみられる空間的な分業体制に対応する。

すでにみてきたように、40歳以前の転勤では職務を変えないものが多いが、特に「臨海」や「郊外」への転勤では、研究・設計の職務カテゴリー内で行われる転勤が過半数を占めている。また、「国内」や「海外」など、東京圏を離れる移動が40歳以降に比べて多く、特に「国内」の現場への転勤が多い。40歳以降になると、職務の移動を伴う転勤が増加する。とりわけ「都心」への転勤が管理・事務への職務間移動を伴って起きる傾向が強くなる。

企業内の事業所は、都心部の中枢管理機能、大都市圏郊外の研究開発機能、

表 IV-3　転勤後の勤務地と職務変化の関係

			転勤後の勤務地					合計	
			都心	臨海	郊外	国内	海外		
40歳以前	職務を変えない移動	研究・設計	20	35	50	13	7	125回	41.4%
		管理・事務	7	3	6	0	0	16	5.3
		現場	10	9	6	10	2	37	12.2
		その他	0	0	1	0	0	1	0.3
	職務を変える移動	研究・設計へ	7	12	19	11	3	52	17.1
		管理・事務へ	20	3	5	4	7	39	12.8
		現場へ	4	2	8	14	2	30	9.9
		その他へ	0	0	0	0	4	4	1.3
	合計		68	64	95	52	25	304回	100.0%
			22.4	21.1	31.3	17.1	8.2	100.0%	
40歳以降	職務を変えない移動	研究・設計	14	29	38	12	0	93回	27.1%
		管理・事務	15	14	18	2	3	52	15.2
		現場	5	11	8	8	1	33	9.6
		その他	0	0	0	0	0	0	0.0
	職務を変える移動	研究・設計へ	9	12	15	2	0	38	11.1
		管理・事務へ	50	17	16	10	1	94	27.4
		現場へ	3	4	11	8	2	28	8.2
		その他へ	1	0	3	0	1	5	1.5
	合計		97	87	109	42	8	343回	100.0%
			28.3	25.4	31.8	12.2	2.3	100.0%	

「都心」：港区、千代田区、中央区、品川区、目黒区、渋谷区、新宿区、文京区、台東区、墨田区、江東区。
「臨海」：大田区、川崎市（川崎区、幸区、中原区）、横浜市（都築区、緑区、青葉区、旭区、瀬谷区、泉区を除く）。
「郊外」：「都心」「臨海」をのぞく東京都、神奈川県、埼玉県、千葉県、茨城県。
「国内」：それ以外の日本国内。
「海外」：日本国外。
資料：アンケート調査により作成。

地方の生産機能というように、立地地域と機能が明確に対応している。その中を、研究開発技術者は研究開発の実務から管理・事務の職務へと移行する企業内キャリアを歩んでゆく。研究開発技術者特有の企業内キャリアのあり方と企業の空間的な分業体制の重ね合わせによって、研究開発技術者がライフコース

の中で経験する勤務地は決まってくるといえる。その典型的な現れが、40歳以降に研究設計職から管理事務職に転ずるとともに都心部に勤務地を移す転勤である。全転勤の62.3%を占める東京圏内での転勤は、その77.7%が転居を伴わないものであり、住居経歴の面ではインパクトが小さい。しかし企業内キャリアのうえでは、研究開発の実務から管理職への移行に代表される重要な転換点となることも少なくないのである。

企業内キャリアの推移とともに、研究開発技術者の働き方も変わってくる。研究開発技術者の労働時間に関しては、長時間労働が恒常的に行われていることが指摘されている。Henry and Massey（1995）は、研究開発技術者が長時間労働を余儀なくされる要素を、①競争的な商品市場の存在、②競争的な労働市場の存在、③研究開発技術者の労働への没入、に求めている。研究開発技術者において長時間労働が常態化していることは、対象者の実質労働時間からも確認でき（図Ⅳ-6）、40歳未満の年齢層では、30.3%の者が週当たり60時間以上の労働を行っている。

対象者の実質労働時間は年齢が高くなるにしたがって減少する傾向にある。研究開発の実務を離れ、管理職的な仕事に就く者が多くなるにしたがって、職場で仕事をする時間は短くなる。しかしその代わりに、50歳以上の年齢層は若年層に比べて自宅で仕事をする者の割合が高い。40歳以下では自宅で仕事をしていない者が半数近くに上るが、50歳以上では週2～3回以上自宅に仕事を持ち帰っている者が40%を超えている（図Ⅳ-7）。研究開発技術者の仕事は基本的に精神労働であり、職場以外の場所でも実行可能な部分が少なくないとされる（Massey 1995b；石神 1986；中島 1989a）。しかし実験や試作などについて

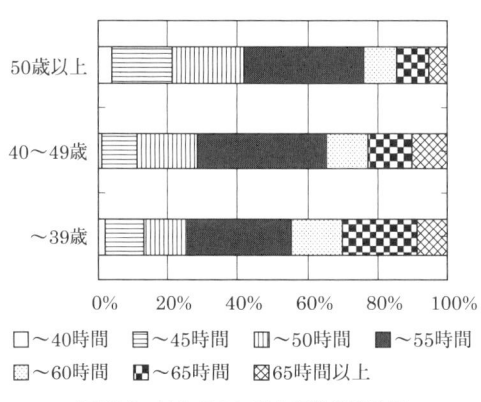

図Ⅳ-6 対象者の年齢と実質労働時間
資料：アンケート調査により作成。

は、現実的に業務を職場から切り離すことが困難である。むしろ近年は記憶媒体の進歩やインターネットの普及により、事務的な仕事において場所を選ばずにできる部分が増大した。管理的な業務の比重が増大する50歳以上の年齢層において自宅での仕事の頻度が高まることは、このことと関連しているのではないだろうか。いずれにせよ、実働時間が減少することだけをもって、加齢とともに労働時間が減少すると結論づけることはできないのである。

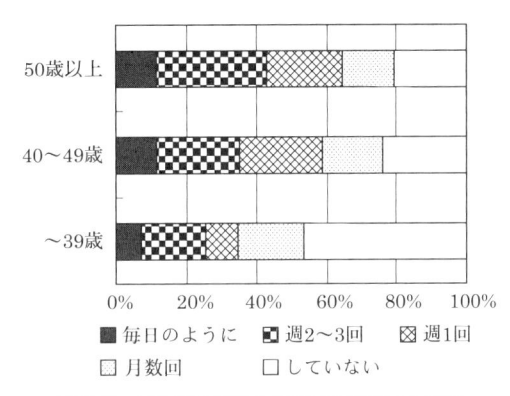

図Ⅳ-7　対象者の年齢と自宅で仕事をする頻度
資料：アンケート調査により作成。

（2）　企業内キャリアの事例

　研究開発技術者の企業内キャリアは、その人が所属する企業の研究開発機能の配置やキャリアパスの設定の仕方によって変わってくる。今回収集したデータからは対象者が勤務する企業が把握できるため、ある程度まとまった数のサンプルが得られる2つの企業を事例として取り上げることにより、研究開発技術者の企業内キャリアを具体的にみてゆくことにする。

　1）　Ａ社

　Ａ社は日本を代表する自動車メーカーの1つであり、国内の主要な事業所は関東地方を中心に展開している。国内での研究開発は、基礎・応用研究を横須賀市にある総合研究所で行い、厚木市にあるテクニカルセンターが開発研究を受け持つという研究所間の分業体制を基本とし、エンジン実験や設計の一部は鶴見地区（鶴見区）でも行われている[10]。これを反映して、大半の研究開発技術者の勤務先は横須賀市、厚木市、鶴見区のいずれかである。研究所の所在地が少数に限られているため全般に転勤は少なく、1つの事業所に10年以上勤続する者も多く見られる（図Ⅳ-8）。東京圏外への転勤は少ないが、横須賀

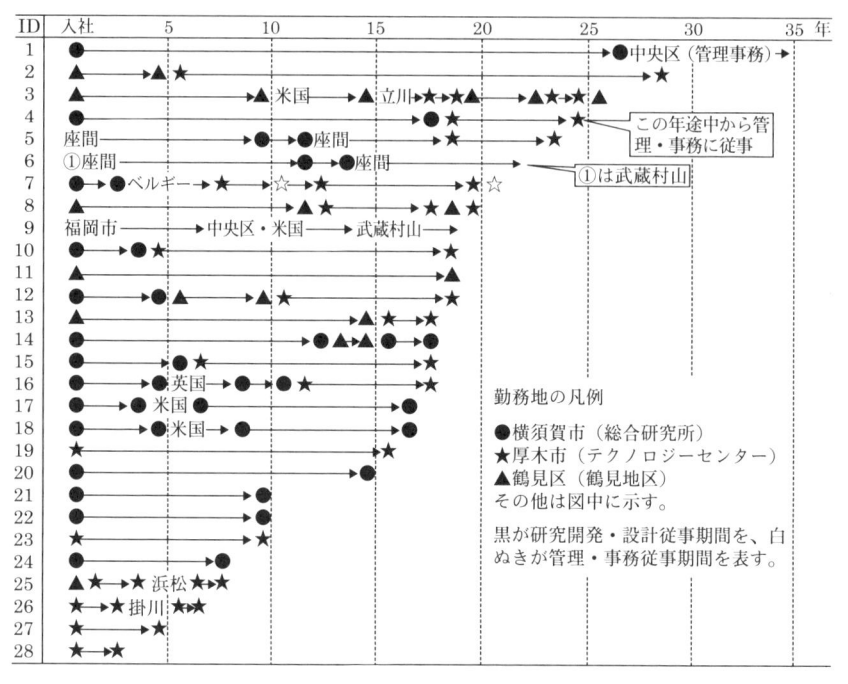

図Ⅳ-8 A社における研究開発技術者の企業内キャリア
資料：アンケート調査により作成。

市、厚木市、鶴見区の間での転勤は普通に見られる[11]。しかし鶴見地区や厚木市のテクニカルセンターから横須賀市の総合研究所への転勤はきわめて少ない。一般に研究開発技術者の異動は、基礎・応用研究→開発研究→製造技術というように、研究開発から商品化に至るルートの川上から川下に向かって行われるといわれるが（ウェストニー1995、鈴木2000）、A社でも3つの研究所間の役割分担が明確で、研究開発技術者の異動が行われる場合は技術の川上から川下へとほぼ一方通行で行われているようである。

　A社の研究開発技術者の住居経歴を概観すると、若年期には勤務地に近接した給与住宅への居住が卓越し、入社から10年前後が経過した30歳代の前半から半ばの時期にさしかかると持家への居住が主流となる。現住地と勤務地の位置関係を見る限りでは職住は比較的近接しているが（図Ⅳ-9）、通勤時間は入社時の平均35.0分から52.7分へ増大している。通勤時間の変化は少なくとも

住居か勤務地のどちらかが移動することにより発生するが、住居のみが変化した場合（事例数35）の通勤時間の変化は平均8.0分の増加であるのに対し、勤務地のみが変化した場合（事例数13）は平均21.9分も通勤時間が増大している。まだ若いうちは家族状態の変化が激しいため、それに合わせて転居を繰り返すこともあるが、通勤の利便性を勘案して居住地を決定することができるために通勤時間の増大は小幅に抑えられる。ところが40歳以降なると、大半の世帯が持家を取得しているため、通勤時間がかなり増大するような転勤でも転居に踏み切ることは難しい。加えて典型的な研究開発技術者のキャリアでは、この時期に職務の変更に伴い勤務地が大きく変わるので、転勤による通勤時間の増加が大きくなってしまうのである。

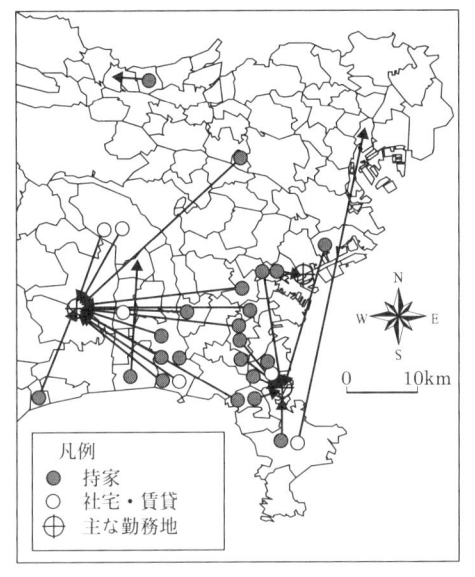

図IV-9　A社における研究開発技術者の居住地と勤務地
資料：アンケート調査により作成。

2）　B社

次にB社の研究開発技術者の企業内キャリアについて見よう（図IV-10）。A社とは異なり研究開発機能が全国に点在しているため[12]、全国各地での勤務経験を持つ者が少なからず存在する。しかし1つの事業所での勤続期間が10年を超えることが多いことや、転勤の大半が東京圏内で完結している点はA社と同様である。B社では研究開発技術者の多くが入社後10年前後と20年前後に転勤を経験し、20年目の転勤では同時に管理・事務の職務に転向する者が多い[13]。今野（1991）によると、日本の大企業の研究開発技術者は入社7年目から10年目に第1期の異動を経験し、20年目前後の時期に訪れる第2期の異

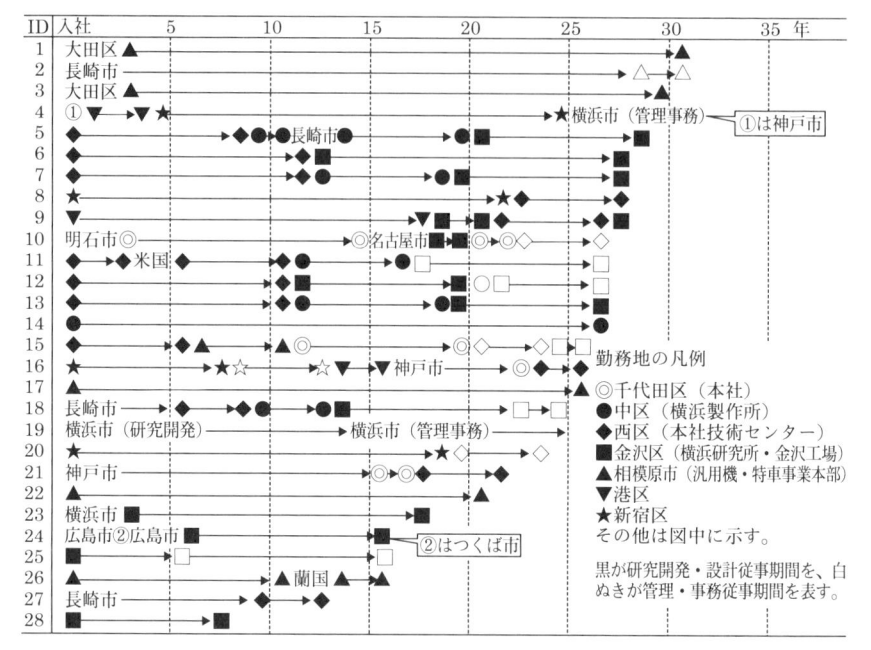

図Ⅳ-10　B社における研究開発技術者の企業内キャリア
資料：アンケート調査により作成。

動によって管理職となり、その後もう一度配置の見直しが行われるというが、B社の研究開発技術者のキャリアからは管理職への転換を伴った第2期の再配置が看取される。ただし管理職に転向するキャリアに一本化されているわけではなく、研究開発の実務を歩み続ける者も存在しており、そのキャリアはデュアルラダーの様相を呈している。

　彼らの住居経歴に関しては、給与住宅への居住が多いこと、入社10年目くらいで持家を取得する者が多いこと、持家取得後は移動性が低下することなど、これまで見てきた結果とおおむね一致する。東京圏外への転勤を除けば、B社の企業内キャリアは主に横浜地区内での転勤と相模原事業所での勤続から構成されており、両者の間の転勤は少ない。居住地が勤務地に近接して分布する傾向が強く（図Ⅳ-11）、転勤による通勤時間の増加が平均5.4分（事例数23）と小さいのはそのためと思われる。

以上の事例から明らかなように、研究開発技術者の住居選択はライフサイクルのみならず、研究所の立地や企業の人事政策といった企業組織の論理とも分かちがたく結びついている。

4. 小 括

教授の紹介や学科の推薦を通じて就職し、配属された研究所近くの独身寮で職業生活のスタートを切り、30歳前後で結婚し、5〜6年すると郊外に持家を取得する。一時的に東京圏外

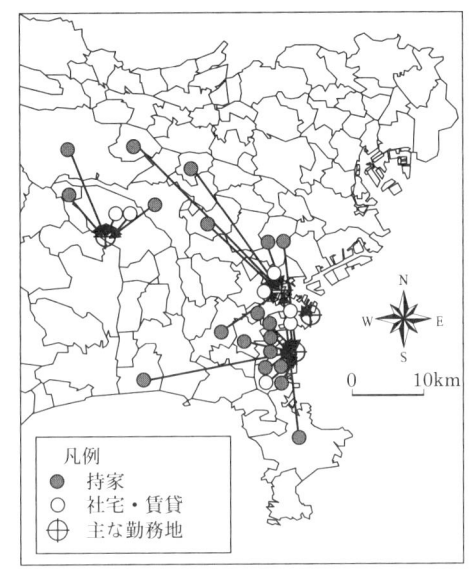

図Ⅳ-11　B社における研究開発技術者の居住地と勤務地
資料：アンケート調査により作成。

や海外への転勤を経験することがあっても、生活の基盤は東京圏内にある。40歳を迎える頃には管理職となって次第に研究開発の実務から遠ざかり、研究所から都心のオフィスへと職場を移す。こうして研究開発技術者の典型的なライフコースを描きだしてみると、技術立国日本の立役者達の人生としてはいささか地味なものにも感じられる。

わが国の企業では、研究開発技術者が製造現場や営業をも含む幅広い異動（転勤）を行うことを通じて、組織間の技術・知識の円滑な移転を実現してきたとされる。しかし対象者の転勤の多くは大都市圏内で完結していた。大都市圏内の転勤に関しても、転居を引き起こす要因としての重要性は十分に持っているが、転勤先の候補地が少ないため、あらかじめ転居先も想定しやすかったであろう。企業が勤務地付近に給与住宅を盛んに供給したことは、転勤の摩擦を減らしたと考えられる。さらに賃料の安い給与住宅の供給は、従業員が持家購入の資金を蓄積することを助け、研究開発技術者が持家の取得を達成する足

がかりとなった。また、大都市圏内での転勤が持家取得の契機となることも少なくなかった。研究開発技術者の住居経歴は、部分的には企業の人事政策と対立する場面もあったであろうが、企業の手厚い福利厚生によって支えられていたことは確かである。

しかし技術水準を高めた新興工業諸国の急追やグローバルな事業展開を進める欧米企業の攻勢が見られる中で、日本企業は研究開発力の一層の強化を迫られている。もはや高コストの大都市圏に研究開発機能を閉じ込めておくわけにはいかず、地方圏の工場といえども設計、開発、試作などの機能の拡充を積極的に展開せざるを得ない。研究開発をめぐる状況が急速に変化し、企業の組織がますます地理的に分散してゆくと、必要な人材の確保や組織間の技術・知識の伝達をすべて転勤で対応することは困難である。地元が輩出する人材を積極的に活用するとともに、円滑な情報の伝達や人材の交流を可能とする情報・交通基盤の整備が求められている。

また、40歳以降の研究開発技術者を管理職として処遇することは、研究能力が頭打ちとなってきた者を研究開発の第一線から離脱させるとともに、それまでの功に報いるものでもあり、研究開発技術者にとっては1つの到達目標（でありセーフティネット）ともなってきた[14]。長時間労働や自宅での仕事、あるいは東京圏外への転勤は、日本的雇用体系の下での安定したライフコースの代償であったといえる。そして若い研究開発技術者は、そのような先輩達のキャリアに未来の自分を重ね合わせ、将来設計をしてきた。しかし近年では専門職制度の導入やキャリアパスの見直しが進められ、年齢を重ねても研究開発の適性を持ちつづける者に対してそれなりの処遇が用意される一方、研究開発の現場から管理職への転換が当然のものではなくなりつつある。たしかにそうした制度が適切に運用され、本人の働く意欲を高める契機となれば、企業にとっても効率的な人材の活用につながるであろうが、それが画一的に適応され、管理職ポストへの昇進機会を閉ざすものとすれば、研究開発技術者の士気低下は免れない。日本企業を取り巻く状況が大きく変わる中で、企業内キャリアの再編や中途採用の増加に象徴される雇用の流動化などによって、研究開発技術者の企業内キャリアの青写真は以前に比べて見えにくくなってきている。

Ⅲ章で論じたように、地元への人材供給という期待を裏切ることになったとはいえ、地方圏の高等教育機関は研究開発技術者を大都市圏に集結させる働きを持っていた。日本の企業は、高等教育機関から送り込まれる研究開発技術者を組織内に囲い込み、活用することについては成功を収めてきた。いささか「地味」とは評したものの、圏外転勤が少ないことや管理職のポストが確保されていたことは、当の研究開発技術者にとって自らの将来設計を立てやすくし、仕事に打ち込める環境を用意していたともいえる。今日の労働市場の変容は、研究開発技術者にも転勤を前提とした職業キャリアの形成を要求するものなのであろうか。もしそうであるとしたら、それが日本の製造業の技術基盤に何らかの影響を与える可能性も考えられる。

注
1) 　対象者全体の平均転勤回数は1.72回であり、50歳代の対象者に限ると2.24回である。
2) 　図Ⅳ-2が妥当性を持つには、同一年齢における転居や転勤の発生率が世代によって変化していないことが前提となる。そこで調査時の年齢による6つのコーホート（調査時点の年齢が、34歳まで、35～39歳、40～44歳、45～49歳、50～54歳、55歳以上）について、29歳まで、30～34歳、35～39歳、40～44歳、45～49歳、50～54歳のそれぞれの期間の年平均移動率を計算し、全サンプルを用いて同じ年齢区間で計算した年平均移動率と比較した。これによっていずれの移動についても世代による移動率の差異が極めて小さいことが分かった。したがって以下の分析は世代の差異を無視できるものとして進めていく。
3) 　この点については、佐藤・荒井（2003）が東京圏内の業務核都市勤務者を対象にした調査から、東京圏内における業務核都市への転勤が持家取得の契機となっていることを明らかにしている。
4) 　東京都・神奈川県から他の道府県への転勤の任期は平均3.8年であり、63.1％は3年以下であった。
5) 　たとえば、後出のA社の独身寮使用料は、1975年が1,600円（大卒男子鉄筋寮4.5畳1名）、1999年が7,320円（男子ワンルーム15㎡）であり、B社は1975年が650円（男子鉄筋6畳1名）、1999年が9,100円（男子個室最大18㎡）である（旬刊福利厚生による）。
6) 　この点に関連する地理学的な研究として、工場労働者の住宅取得に伴う居住地移動を企業の住宅政策の関連で分析した片瀬ほか（1984）、和歌山製鉄所を例に、住友金属の給与住宅や従業員向けの持家分譲を工業地域の形成との関係で論じた長谷川（1999）を挙げておく。

7) 平成6年度労働者福祉施設・制度等調査（労働省）によれば、従業員規模5,000人以上の企業では91.1％が社宅制度を有しているのに対し、30～99人規模の企業の整備率は28.9％にとどまっている。
8) 合衆国でもEttlie（1980）、Audretsch and Stephan（1996）、Audretsch and Feldman（1996）などが人材の移動に伴う知識や技術、情報の伝達がイノベーションの源泉になっていると指摘している。またvon Hippel（1994）も人の移動による情報伝達を重視しているが、それでも動かしがたい情報は存在するため、特定の場所でなければ対処できない解決できない問題もあるとしている。こうした場所に根ざした動かしがたい情報を、von Hippel（1994）は"Sticky Information"と呼んだ。なお合衆国では、研究開発技術者の企業間の流動性が高いため、人材の移動による知識や技術の伝達の考察範囲は企業組織内の人事異動にとどまらず、転職も念頭においている。
9) 近年の研究では、石田編（2002）に所収の論文などが代表的である。
10) 2000年3月末現在。その他栃木県や北海道のテストコースで車両実験が行われている。
11) A社は研究開発体制を充実させ商品開発力を強化するため、1981年11月に鶴見地区と荻窪地区に別れていた設計開発部門を統合・拡張したテクニカルセンターを厚木市に完成させた。図Ⅳ-9からは鶴見地区に勤務していた研究開発技術者が、テクニカルセンターの完成にともなって段階的に移動したことがわかる。
12) 研究所と名のつく事業所だけでも6か所を擁する。
13) このうち1971年入社の者（図Ⅳ-11中のID6～9）が12年目に、1972年入社の者（同ID10～14）が11年目に転勤しているのは、みなとみらい21計画により横浜市西区にあった横浜造船所が1983年に閉鎖され、その事業が本牧工場（中区）と金沢工場（金沢区）に移管されたことに伴うものであると考えられる。
14) 合衆国やイギリスに比べてわが国では研究開発の第一線での仕事を続けたいと望む研究開発技術者が多いものの、欧米と同じく加齢とともに管理職としてのキャリアを希望する者が増加する（たとえば、日本生産性本部1989）。また、日本の研究開発技術者には、スピンアウトするよりもこれまで勤めあげてきた企業内の組織で昇進するキャリアパスを望む者が多いという特徴がある（石井1993b）。

V

九州における情報技術者の職業キャリアと労働市場

1. はじめに

(1) 問題の所在

Ⅲ、Ⅳ章では、研究開発技術者を題材として、日本的雇用体系下で形成されたライフコースの特徴を、その空間的側面に焦点を合わせて明らかにしてきた。長期安定雇用と年功賃金が保証された雇用機会は、今日でも無くなったわけではないが、その適用範囲が縮小していることは言うまでもない。今日の新規学卒者の多くは、自分が将来にわたってそうした恩恵を受けられるとは期待していないであろう。日本的雇用体系という概念によって日本の労働市場の特徴を説明することは、以前ほどの説得力を有してはいない。本書における実証篇の第二部というべきⅤ、Ⅵ、Ⅶ章では、それぞれソフトウェア産業の情報技術者、インターネット関連企業の従業者、同種企業の創業者を例にとり、日本的雇用体系が妥当性を失いつつある社会経済的背景下でのライフコースがいかなるものになるのかを予察的に検討する。

高度成長期における日本的雇用体系下でのライフコースは、生活面での安心や安定と引き換えに、ライフコースにおける主体的な意思決定を部分的に放棄するものであった。とりわけそれは、ライフコースの空間的側面とのかかわりが大きい。新規学卒者として大企業に入社することは、安定した高い生活水準を保証してくれたが、そうした良好な就業機会は、故郷を離れ大都市に出なければ得ることは難しかった。10年、20年と勤め続けて持家を取得し、大都市圏に根を下ろす覚悟ができたとしても、会社から転勤を命じられれば従わざる

を得ない。もとより住宅ローンによる住宅取得自体が、長期安定雇用と年功賃金を前提としたものであるから、会社の命にそむくことはやっと手に入れたマイホームを手放すことにつながりかねない。

　今日われわれは転職を前提とした見通しの悪い職業キャリアを軸に、諸経歴の束としてのライフコースを編み上げていかなければならない。安心や安定が得がたいものとなったのであれば、「自らの地域で生活し労働する権利」を重視するライフコースの魅力は浮上する。還流移動者の増加や出身地定着志向の高まりは、このようなライフコース上のプライオリティが変化したことの具体的な表れであると考えられる。

　本書のV、VI、VII章では、地方圏における広義の情報サービス産業従事者を素材として、「自らの地域で生活し労働する」ライフコースがどのようなものになるのかを考えてみたい。情報通信技術の進歩と通信インフラの整備は、情報伝達における距離の制約とコストを劇的に減少させてきた（Graham and Marvin1996）。情報サービス産業においては、顧客やパートナーとかなりの頻度で対面接触をすることが不可欠であるため、現状では大都市圏への集中が依然として続いている。しかし対面接触のうち、情報通信技術で代替できる部分は、漸進的ながらも確実に増えてゆくはずである。そうなれば、地方圏で生活を送りたいと望む人々にとって、情報サービス産業はこれまで以上に重要な就業機会となるであろう。

　1980年代以降に地方圏での情報サービス産業の立地が進んだことを受けて、地方圏の情報サービス産業を対象とした研究は既に数多くなされている。そこで、まずは既存研究の簡単な整理を行う。その作業を通じて、情報サービス産業に関する地理学的研究では、事業所の分布変動や都市圏内での立地状況に関する報告が中心であり、情報技術者の属性や地域間移動の実態を明らかにしてくれる研究はきわめて少ないことがわかるであろう。本章の主題は、労働力としての情報技術者の特性を把握することではなく、情報技術者のライフコースを通して今日のライフコースの特徴を見据えることにある。そもそも筆者は、本書の対象となった人々を、「労働力」という非人格的な概念でとらえようとは思わない。しかし結果的には、本章から得られる知見は、現代の主導産業の

1つである情報サービス産業を支える労働力の特性を明らかにすることにも寄与するはずである。

（2） 情報サービス産業に関する既存研究の整理

当初情報サービス産業は、事業所サービス産業の一類型として、欧米を中心に研究が進められてきた（Illeris1989；Daniels1991）。事業所サービス産業に関する研究においては、当該産業が固有の付加価値を生み出しうる産業であるか否かが大きな争点の1つであった（Wood1986；Keeble et al 1991；Goe1990、1996）。ソフトウェアはコンピュータ等のハードウェアの付属品とみなされていたが、1969年にIBMがコンピュータのハードウェアとソフトウェアを分離して販売するアンバンドリング政策に転換したことにより、ソフトウェアは独立した商品として市場に流通し始める（辻1990）。以後、欧米ではハードウェア事業の収益性が傾向的に低下し、ソフトウェアは高い付加価値を生み出す商品として注目を集めるようになった（Howells1987；Gentle and Howells1994）。ソフトウェア産業が1つの産業と認識されるようになると、その取引関係や立地条件を探る研究が登場してきた（Haug1991；Illeris1994；Coe1998；Goe et al2000）。さらにソフトウェアの生産や流通が国境を越えて行われるようになると、情報サービス産業をグローバル化の流れの中で把握しようとする研究も出現した（Cooke and Wells1991；Coe1997、1999；Gentle and Howells1994；矢部2005a）。

日本の情報サービス産業に関する地理学的研究は、当該産業の大都市圏への集中に注目することから始められた。東京圏においては、東京都区部に集積する情報サービス産業の立地状況と属性を示した竹内（1986）、北村（1989）や、神奈川県内に立地する企業の取引関係や立地移動を実態調査から明らかにした富田の一連の研究（富田1986、1987、1989）が代表であり、近年では立地分析にネスティッドロジットモデルを適用した矢部（2005b）などがある。京阪神圏については、同圏内に立地する情報サービス企業の特徴を示した生田（1989）、大阪市に立地する情報サービス企業が市場圏の広いものと狭いものに分化していることを示した富田（1982）などがある。

情報サービス産業は現在でも大都市圏に集中しているが、わが国では1980年代以降、大都市圏での人手不足と地方圏での情報サービス需要の増大を背景に情報サービス産業の地方圏展開が進んだ。それに伴い、統計データをもとに情報サービス産業の分散傾向を全国スケールで確認した研究（森川1986；中島1989b；加藤1998）や、個別の地域における情報サービス産業の取引関係や経営実態を明らかにする研究（加藤1993、1996；石田1991；田中1992；平野1996；片山1993ほか）が積み重ねられてきた。

既存研究では、情報サービス産業の地方圏展開の要因について、①地方圏において拡大した情報サービス需要への対応、②大都市圏での人材難への対応、③大都市圏における地価の高騰や労働環境の悪化、④地方自治体の誘致、などが指摘されている。情報サービス産業の企業に対するアンケート調査の結果では、多くの場合で②が主要因であった（若林1988；情報サービス産業協会編1992；田中1992；吉井・岩本1992）。もちろん企業ごとにみてゆけば、①、③、④を主要因として地方圏に展開している場合もあるだろう。そうであったとしても、立地地域において質・量ともに十分な労働力を確保することは、企業にとって避けて通れない課題であった。ここから、情報技術者の属性や地域間移動を地域的視点から詳細に分析することが要請されてくる。

しかし現状では、情報サービス産業の労働力に対して、直接的に分析の矛先を向けている地理学的研究は数少ない。北川（1996）はそうした数少ない研究の1つであるが、ソフトウェア子会社における大卒従業員の出身大学所在地を報告しているにすぎない。川上（1986）や石田（1991）では、地元定着志向者や還流移動者の増加が、情報サービス産業の地方圏展開を促したことが示唆されているが、実証的な検討は不十分である。海外に目を転じても、情報サービス産業の労働力に主眼を置いた地理学的研究としては、Lundmark（1995）がスウェーデンの同産業では労働力の教育水準の地域格差が小さいことを見いだしているのが目につく程度である[1]。

本章ではアンケート調査をもとに、現在地方圏の情報サービス産業で働く人々の属性や地域間移動の実態を、ライフコースとの関連において明らかにする。そこで描き出される対象者のライフコースが、いかなる状況の下でそのよ

うなものになったのかを考えるとき、情報サービス産業の地方圏展開とそこにおける労働力確保との関係が明確になっている必要がある。なぜなら、なぜその人のライフコースがそのようなものになるのかを理解するに当たっては、さまざまな経歴における機会の地理的偏在を踏まえる必要があり、とりわけ職業経歴に関連する就業機会の地理的偏在に注視すべきだからである。

情報サービス産業の地方圏展開は、あらかじめ地方圏に余剰労働力があり、それを目指して企業が進出してきたといった単純なものではない。それは本章の冒頭でも述べた、人々のライフコース上のプライオリティが変化してきたことと密接に関わっている。次項では新聞や社史、統計資料などに基づき、情報サービス産業の地方圏展開がどのようなプロセスで進んできたのかを、企業の労働力確保との関係において検討する。その作業から得られる知見は、人々のライフコースの側が、それを制約する諸機会の偏在を変えてゆく力となりうることを示すであろう。

(3) 1980年代以降の情報サービス産業の労働市場と還流移動者

1980年代に情報サービス産業の市場規模は急激に拡大した。情報サービス産業の中核をなすソフトウェア産業では、生産能力の個人差が生産性に如実に反映される。そのため、ソフトウェアの開発手法やツールの改良などによる生産性の向上が常に模索されてきたものの、もとよりソフトウェアの生産では、製造業における組立の自動化ような省力化は図れない。そのため、ソフトウェア開発需要の急増は情報技術者の需要増と直接的に結びついた（辻1990）。情報サービス産業の従業者数は1981年の10.6万人から1991年の49.3万人へと1980年代を通じて増加の一途を辿ったが、それでも情報技術者の不足感が払拭されることはなかった[2]。

1985年の時点では、情報サービス需要の33.6%が東京都に集中していた（加藤1996）。情報サービスの供給は、需要を上回るほど東京都に集中していたのだが（全国に占める割合44.1%）、全国の供給の絶対量自体が十分でなかったため、情報技術者の不足感はきわめて強かった。これに対し、大手メーカー系企業[3]は知名度と組織力を生かし、情報技術者の確保に努めた。東京圏

における人材獲得競争は苛烈であったが、1980年代を通じて大手メーカー系のソフトウェア子会社は、多いところで毎年100人から200人という大量の情報技術者を採用し続けた。

それまで大都市圏の大手情報サービス企業は、研究開発技術者と同様に地方圏の新規学卒者を積極的に採用してきた。しかし若年者の地元定着志向が強まったことにより、そうした方法をとることが難しくなった。加えて1980年代は、地方圏の自治体が大都市からの還流移動の促進に積極的に乗り出し始めた時期でもあった。1983年のテクノポリス法と1988年の頭脳立地法の制定により、情報サービス産業を含む「ハイテク産業」を地方圏に分散させて地域振興の柱とする政策潮流が具体的になると、地方自治体はそれを支えうる技術系人材の供給源として還流移動者に目をつけるようになった。全県がテクノポリス指定地域を持つ九州でも、熊本県が1984年4月に東京と大阪に「Uターンアドバイザー」を配置したのを皮切りに、同年に宮崎県、翌年には長崎県と続き、1990年までにすべての県が大都市に還流移動促進のための事務所を設置している。

実際、事務所を通じた還流移動者の多くは技術者であり、なかでも情報技術者の占める割合が高かった。各県の労働市場年報を参照すると、熊本県では1984年から2000年に県の制度を通じて還流移動した1,328人のうち、79.3%が技術者であり、なかでも情報技術者が32.7%と最も多かった。同じく鹿児島県でも1988年から2000年に還流移動した698人の80.7%が技術者であり、やはり情報技術者が22.6%を占めて最多の職種となっている。

さて、大都市圏での情報技術者の確保に苦しむ企業にとって、自治体の積極的な還流移動者勧誘活動は歓迎できることではない。大都市圏に勤務する情報技術者の相当部分が地方圏の出身者であったからである。1990年代初頭に行われた国土庁の調査（国土庁大都市圏整備局編1992）によれば、東京圏内の企業に勤務する情報技術者の46.5%は地方圏の出身者であった（図V-1）。この数字からも、大都市圏に立地する情報サービス企業にとって、還流移動者の増加が憂慮すべき動きであったことは想像に難くない。熊本県が同県出身者に還流移動を呼びかけるダイレクトメールを出したことに対して、「ソフト業界

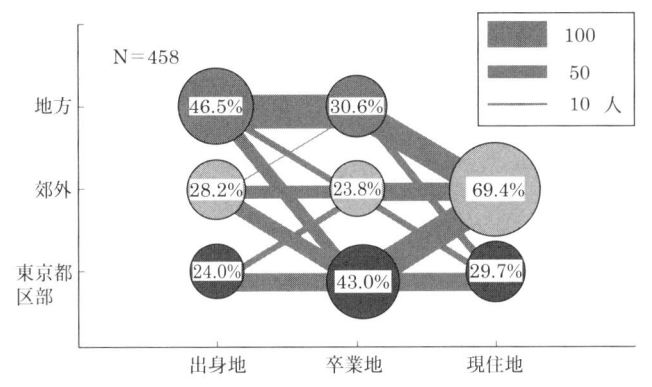

図V-1　東京圏に勤務する情報技術者の地域間移動
資料：国土庁大都市圏整備局編1992：167をもとに作成。

郊外：東京都市部、神奈川県、埼玉県、千葉県
注）流線は移動人数を示す。

などが関係省に自粛指導を申し入れた」（日本経済新聞　1984.5.15）というエピソードは、大都市圏に立地する情報サービス企業の苛立ちを如実に示している。大手メーカー系の情報サービス企業が還流移動者の増加や若年者の地元定着傾向を深刻に受け止めていたことは、同時期を特徴づける出来事として、各社の社史にも記されている[4]。

　1983年頃から、大手情報サービス企業は大都市圏を中心に設立してきた子会社や支所を次々と地方圏に設立していった[5]。いうまでもなくこれは、還流移動者の増加や地元定着志向の強まりへの対策としての意味合いを強く持っていた。一方地場の情報サービス企業には、大企業の名を冠して地方に進出してきたソフトウェア子会社が限られた人材を抱えこんでしまうため、採用難に陥るところも出てきた。そのため、自衛策として専門学校を設立し、自前で技術者養成に乗り出す企業も現れたほどであった[6]。

　地方圏のソフトウェア子会社は、立地地域の需要をすくい上げる目的も持っていたとはいえ、情報サービス需要の大部分は依然として大都市圏に集中していた。そもそも、地方圏ソフトウェア子会社が受注した地元の仕事であっても、高度な技術が必要とされるものに関しては大都市圏の親会社に流れているのが実情であり、地方圏に子会社ができたからといって大都市圏の人手不足が

解消するわけではない。そこで地方圏の情報サービス企業は、地元で調達した情報技術者を人材不足にあえぐ大都市圏へとトランスファーすることもしばしば行った（片山1993；加藤1993）。出身地での生活を希望して、地元のソフトウェア企業に就職しても、客先常駐（本章4節（3）参照）という形をとって長期間大都市圏で働く状況におかれることも少なくないのである（中澤・荒井2002）。

1970年代からほとんど景気変動の影響を受けずに急成長を遂げてきた情報サービス産業であったが、その雇用情勢はバブルの崩壊を境に一変する。1992年10月には雇用調整助成金[7]の指定業種に転落し、不況業種のレッテルを公式に貼られることになる。情報サービス産業従事者の減少は1995年まで続き、東京都では1991年から1996年の5年間で2万6,949人の従業者の減少を記録した。しかし東京都では、既存事業所の減少分を埋め合わせてあまりある単一事業所企業の誕生があったため、事業所数は5%近く増加している。これに対し、1980年代に情報サービス産業の増加が著しかった地方都市の多くでは、東京に本社を置く企業の支店の撤退が相次ぎ、事業所数、従業者数とも大きな減少をみている。つまり地方圏に設立された支所や子会社はあくまで東京圏での人手不足を契機とするものであり、独自の営業基盤を持っていなかった。需要の減少下において優先的にスクラップ対象となることで、そのことが露呈したのである（加藤1998）[8]。

1996年頃から、情報サービス産業は売上高、従業員数ともに回復基調となった。1990年代末の成長は、いわゆる「2000年問題」や金融制度の規制緩和への対応など、特需的な性格もある（加藤1998）が、インターネットという新たな技術の普及によるところも大きい。インターネットの普及は、大都市内部にインターネット関連のソフトウェアやコンテンツを制作する新たな産業の集積地域を生み出すとともに、地方都市でもそうした企業の立地を進展させつつある（垣見2001）。1980年代に見られた情報サービス産業の地方圏への展開は、大手メーカー系企業の子会社や支所の進出に主導されていた。それゆえ地方圏の情報サービス産業が担当するのは、賃金水準の格差を利用して大都市圏から移転された労働集約的な工程であることが多く、企業内地域間分業を

通じた不均等発展につながるとの批判がなされた（Coe1996；Coe and Townsend1998；加藤 1993、1996；片山 1993）。これに対して地方圏に立地しつつあるインターネット関連企業の多くは、大企業と資本関係を持たない独立系の企業である。インターネット関連企業の創業者とその従業員については、本書のⅥ、Ⅶ章で詳述することになろう。

　以上の整理から明らかなように、地元定着志向者や還流移動者の増加は、大都市圏での情報技術者不足に拍車をかけ、情報サービス産業の地方圏展開の一要因となった。地方圏出身者が新規学卒時に地元での就職を希望することや還流移動の実現に向けて行動することは、大都市圏で働き続けることによって達成されるであろう生活水準や安心感よりも、自分の出身地で生活を送ることを優先するという意思表示と考えられるだろう。そうした意思表示を大都市圏の情報サービス企業がくみ取り、受け皿として地方圏に子会社や支所が設立され、それを核に地場の企業が育ってゆくことで、情報サービス産業は地方圏に根付いていった。つまり情報サービス産業においては、人々のライフコースにおけるプライオリティの変化が、多少なりとも就業機会の偏在状況を変動させてきたのである。

　地方圏情報サービス企業の従業員たちは、実際にどのような職業キャリアを歩んでいるのだろうか。還流移動者はどの程度の割合を占めているのだろうか。彼らの多くは出身地に根差した生活を送るために地方圏の情報サービス企業の職を求めたと考えられるが、その希望は真に達成されているといえるだろうか。以下ではアンケート調査に基づいてこれらの点を検討する。

2. 調査の概要と情報技術者の属性

　アンケート調査の対象は、NTTの「インターネットタウンページ」（2001年9月16日検索）の分類のうち、九州各県に立地し、「ソフトウェア業」か「インターネット関連サービス業」のいずれかに登録があった 1,705 の事業所およびその従業員である。「ソフトウェア業」と「インターネット関連サービ

ス業」では、事業所の経営実態や従業員の属性に大きな差異が認められたため後者の分析はⅥ章に譲り、本章では「ソフトウェア業」に属する事業所およびその従業員に対象を限定して分析する[9]。アンケート調査は「事業所票」1通と「従業員票」3通を2001年11月末に各事業所に郵送した。「事業所票」については、人事担当者またはそれに準じる者に回答を要請した。個人票については、企業の担当者に当該事業所に勤務する情報技術者3人に対して調査票と返信用封筒を配布することを依頼した。それぞれの調査票は2001年12月に別々に郵送で回収し、回収率は事業所票が16.1%、個人票が12.2%であった。

対象事業所は1980年以降に設立されたものが87.4%を占める。5年刻みでみると、1995年以降が29.0%と最も多いが、1990年代前半（22.0%）よりも1980年代後半（23.8%）に設立された事業所の方が多く、1980年代に起こった情報サービス産業の地方圏展開を示す結果となっている。事業所の従業員規模の平均は28.2人であるが、メーカー系企業の子会社や支所が平均値を引き上げており、実際には10人前後の小規模な単独事業所企業が中心である[10]。

対象事業所のうち、支社・支所として設立された事業所と関連会社・子会社として設立された事業所の合計は40.7%に上り、地方圏の情報サービス産業のかなりの部分が域外からの進出によることが裏付けられる（図Ⅴ-2）。個人

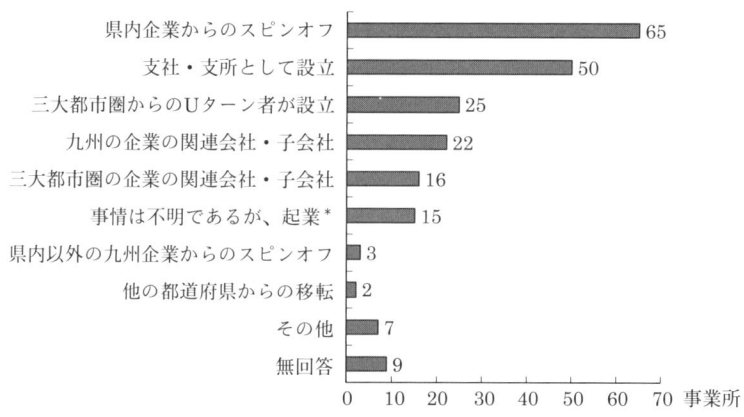

事業所設立の経緯	事業所数
県内企業からのスピンオフ	65
支社・支所として設立	50
三大都市圏からのUターン者が設立	25
九州の企業の関連会社・子会社	22
三大都市圏の企業の関連会社・子会社	16
事情は不明であるが、起業*	15
県内以外の九州企業からのスピンオフ	3
他の都道府県からの移転	2
その他	7
無回答	9

*「その他」のうち、自由記述から起業による設立であることが明らかなもの。

図Ⅴ-2 事業所設立の経緯
資料：アンケート調査により作成。

による創業といえる設立経緯の中では、県内の企業からスピンオフして誕生したものが 30.4% と多いが、還流移動者によって設立された事業所も 11.2% と一定の割合を占める。情報サービス産業では、自宅のパソコン 1 台から事業を始めることも決して不可能ではなく、創業に必要なイニシャル・コストは製造業などに比べて小さい。そのため、還流移動者が帰還先で情報サービス産業に身を置いて働くことを考えた場合、地元にある企業に職を求めるばかりでなく、自ら創業者となる選択肢もまた、それなりの実現可能性がある。関連して、Ⅶ章で対象となった地方圏のインターネット関連企業創業者にも、還流移動者が多く含まれていたことを記しておこう。

周知の通り、日本の情報サービス産業は、特定の顧客の要求に応えるために開発する受注ソフトの生産が中心で、不特定多数の顧客を対象としたパッケージソフトの売り上げ比率は小さい。対象事業所についても受注ソフトが平均で全売り上げの 55.7% を占めている一方で、パッケージソフトの比率は 14.0% にとどまる。主な顧客の業種については、情報サービス産業を挙げた事業所が最も多く（複数回答で 50.9%）、これにコンピュータメーカー以外の製造業（39.7%）、官公庁（31.8%）、コンピュータメーカー（26.6%）が続いている。このように、対象事業所には支所や支社が多いこと、売り上げは主として受注ソフトから得ており、同業者からの下請け的な業務や公務からの受注が多いことなど、地方圏情報サービス産業の特徴が明確に表れている。

本調査では、調査対象となった事業所の担当者に、従業員のうちプログラマー、システムエンジニア、コンテンツ制作従事者などの情報技術者に調査票を配布することを依頼した。そのため 82.7% が広義の情報技術者[11]に分類され、プログラマーとシステムエンジニアだけで全体の 75.0% に達する（表Ⅴ-1）。性別は男性が 83.1% を占める。後に詳しく分析するが、情報技術者の主要なキャリアパスはプログラマーからシステムエンジニアを経て一部は管理職に至るものであり、それにつれて賃金も上がってゆく。これを反映してプログラマー、システムエンジニア、管理職の順に平均年齢と平均年収が高くなっている。

対象者のうち、大卒以上の学歴を持つ者は 44.5% である。Ⅲ、Ⅳ章の対象で

表 V-1　対象者の職種、年齢および年収

職種	男性	女性	平均年齢	平均年収
プログラマー	88人	29人	29.4歳	344.2万円
システムエンジニア	222	23	34.6	471.8
その他の技術者	33	5	35.5	476.7
管理的職業	42	1	43.1	627.7
経営者	15	1	42.8	739.8
その他	3	8	34.5	334.5
不明	6	2	31.5	315.0
合計	409人	69人	34.4歳	461.1万円

資料：アンケート調査により作成。

あった製造業の研究開発技術者ほどではないにせよ、比較的高学歴である。一般に学歴は、高学歴化のトレンドを反映して若い年齢層ほど高くなると予想されるが、対象者に関しては大卒以上の学歴を持つ者の割合が40歳代以上で最も高くなっており、いわば学歴の逆転現象が見られる（表 V-2）。学歴構成を詳細にみると、20、30歳代では理工系大卒者割合が40歳代以上に比べて半減

表 V-2　対象者の学歴

		20歳代	30歳代	40歳代以上	合計	
高校		11.3%	16.0%	21.2%	15.9%	77人
専門	情報処理	24.8	40.0	11.9	28.7	139
	それ以外	2.1	3.1	0.8	2.3	11
短大・高専	理工系	8.5	2.2	3.4	4.3	21
	それ以外	5.0	1.8	2.5	2.9	14
大学	情報処理	14.2	3.1	1.7	6.0	29
	理工系	12.8	17.3	36.4	20.7	100
	それ以外	14.9	13.8	16.9	14.9	72
大学院		3.5	2.2	4.2	3.1	15
その他		2.8	0.4	0.8	1.2	6
合計		100.0% 141人	100.0% 225人	100.0% 118人	100.0%	484人

注）　学歴不明7人。
資料：アンケート調査により作成。

し、代わって情報処理系の専門学校の比率が高まっていることがわかる。彼らが就職した時期は1980年代に当たる。この時期には情報サービス産業が急拡大し、かつて情報技術者の中核をなしていた理工系大卒者だけでは増加する労働力需要を賄いきれなくなったため、情報処理系の専門学校が相次いで創設された。しかし、それでも人手不足は解消できず、ソフトウェア企業は文系大卒者や高卒者を情報技術者として積極的に採用した（岩本・吉井1998）。学歴の逆転現象は、こうした事情の反映である。1990年代以降に就職の時期を迎えた20歳代では、再び大卒者の割合が高まっている。とりわけ情報処理系の学部や学科を卒業した大卒者が増加しており、情報サービス業への人材供給を前提とした教育カリキュラムが整備されつつあることがうかがえる。

　転職を経験したことがある対象者は59.8%であり、特に35歳以上の年齢層では77.8%が転職経験者であった。本調査は九州の情報技術者のみを対象としているが、日本労働研究機構（2000）の行った全国の情報サービス企業を対象としたアンケート調査においても、情報技術者の転職経験率は全体で57.4%、30～40歳未満で64.4%、40～50歳未満で75.5%と、本調査とほぼ一致した結果が得られている。ここから、1つの企業への勤続を特徴とする研究開発技術者とは対照的に、情報技術者は転職を織り込んだライフコースを歩んでいることが裏付けられる。本章を通じて明らかになることであるが、地方圏の情報技術者の場合、転職の経験は還流移動の経験と密接に関連している。そこで次節では、対象者の地域間移動を分析し、まずはどの程度の対象者が還流移動を経験しているのかを把握する。

3. 情報技術者の地域間移動

　対象者の進学・就職に伴う地域間移動から見よう。対象者の88.2%は九州各県の出身者である[12]。調査対象となった事業所の55.6%が福岡県に立地していたこともあり、福岡県の出身者が特に多い（図V-3）[13]。最終学歴修了地域については、無回答のものが約20%に上っている[14]が、進学の時点で東

図 V-3 の内容:

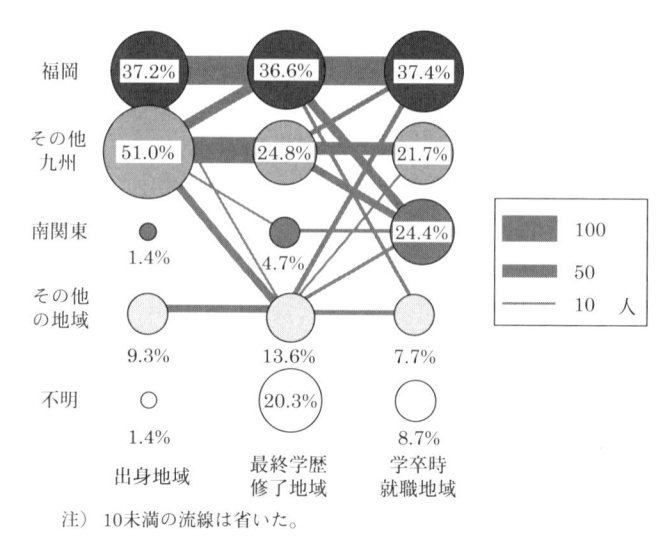

- 福岡: 37.2% / 36.6% / 37.4%
- その他九州: 51.0% / 24.8% / 21.7%
- 南関東: 1.4% / 4.7% / 24.4%
- その他の地域: 9.3% / 13.6% / 7.7%
- 不明: 1.4% / 20.3% / 8.7%

横軸: 出身地域 / 最終学歴修了地域 / 学卒時就職地域

凡例: 100 / 50 / 10 人

注) 10未満の流線は省いた。

図 V-3　対象者の進学・就職に伴う地域間移動
資料：アンケート調査により作成。

京圏をはじめとする九州外に移動した者はそれほど多くないとみてよいであろう。一方学卒時の就職地域は東京圏が約4分の1を占めており、就職と同時に九州外に移動した者は少なくない。こうした傾向は、Ⅲ章で分析した研究開発技術者の進学・就職に伴う地域間移動と共通している。

　学卒直後に就職した企業の従業員規模は、就職先地域と関連付けられる。福岡県以外の九州各県に就職した者のうち、従業員規模が100人以上の企業に就職した者は22.4%であった。この割合は、福岡県の企業へ就職した者でも34.3%にとどまる。これに対し、九州外に就職した者では、63.9%までもが従業員100人以上の企業に就職し、25.9%は従業員規模1,000人以上の大企業に就職している。九州外への就職は実質的に大都市圏への就職であるから、大都市圏への就職は大企業に職を得ることを意味しているといえる。この点もまた、研究開発技術者と共通している。

　学卒直後に就職した企業への入社の経緯を見ると、九州内に就職した者では縁故によって就職先を決定した者が16.5%に上っており、個人的な就職活動と合わせると50.5%に達する（図V-4）。これに対し九州外への就職者では、

学科（学校）の就職担当部門によって就職先を決定した者が44.6%、学校の先生の紹介が22.2%と、就職先の決定に果たす学校の役割が強い。情報サービス産業における規模の大きな企業には、製造業の企業が資本参加していることが

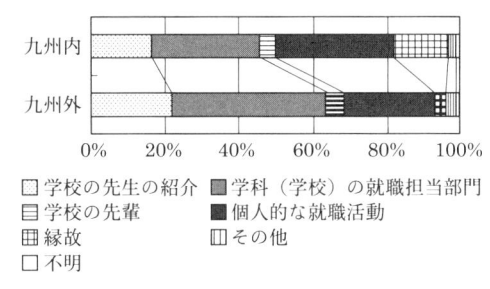

図V-4 学卒直後の就職先地域別入社の経緯
資料：アンケート調査により作成。

多い。こうした企業では、設立当初に親会社から人事処遇制度や賃金体系を継承している例がしばしば見られる。新規学卒者の採用手段についても、親企業である製造業の大企業のものを受け継ぎ、学校を通じた採用を行ったようである[15]。そのため、大企業に入社する者が多い九州外への就職においては、研究開発技術者と同様に、学校を通じた就職が卓越しているのだと考えられる。

図V-5は学卒直後の就職先地域を年齢階級別に示したものである。学卒直後に九州外に就職した者は、全体で33.7%に上る。若年層では学卒直後の就職先地域が九州外である者が少ない。その要因としては、これからやってくる還流移動者[16]が捕捉されていないことがあると考えられるが、いったん出身地を離れた者の還流移動率が低下している可能性も捨てきれない。一方35歳以上の年齢層をみると、約半数が学卒直後の時点で九州外に就職しており、その多くは東京圏を就職先地域としていた。量的な面に限っても、還流移動者は地方圏情報サービス産業を支える人材として、重要な部分を占めていることが理解できる。

還流移動の多くは転職を伴って起こる上、職場だけでなく居住地の変更をも余儀なくされるなど、同一地域内での転職とは質的に異なる。しかしそれが行われる年齢は、通常の転職と変わらず、20歳代後半にピークがあり、大半は30歳代前半までに行われていた[17]。年齢から考えて、還流移動を経験した35歳以上の対象者の多くは、情報サービス産業の地方圏展開が本格化した1980年代に九州に帰還したことになる。彼らこそが、地方圏に進出してきた情報サービス企業のターゲットだったのである。

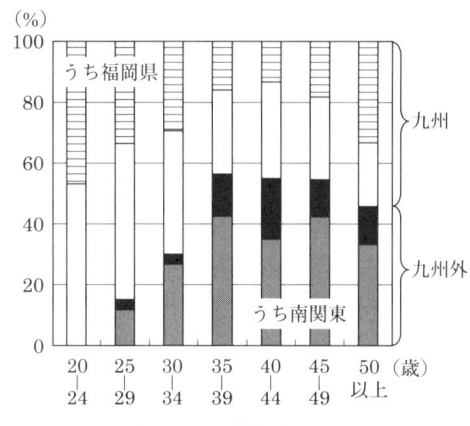

図 V-5　年齢階級別学卒直後の勤務地域
資料：アンケート調査により作成。

　発生年齢に限っていえば、還流移動という形態をとる転職が、ほかの転職一般と異なるとはいえない。先に述べたとおり、情報技術者の職業キャリアにおいては転職が織り込み済みであり、還流移動者であろうとなかろうと、転職経験者が多い。大都市圏で働く地方圏出身者については、転職の可能性を探る中で、今いる大都市圏内で転職するのか、いっそ出身地に帰還するかという選択に直面するのであろう。そして、転職への模索が「自分の地域で労働し生活する権利」の追求と結びついた時に選択されるのが還流移動なのではないだろうか。

　前節で見たように、大都市圏で働く情報技術者のかなりの部分は、地方圏出身者であり、本章の対象者にも大都市圏で働いた経験を持つ者が多数いる。大都市圏への就職者は学校経由で職を見つける場合が多く、しかも大企業に職を得る傾向にある。しかし本章の対象者は、かつて大都市圏に勤めていた者であっても最終的に自分の出身地で生活することを選んだ者たちである。バブル経済崩壊以前の人材払底期であれば、出身地で就職した者たちの少なからぬ部分は、望めば大都市圏の相対的に良好な就業機会を得ることができたであろう。ところが彼／彼女らはそうしなかった。次節では職業キャリアに限ってではあるが、彼／彼女らが選んだライフコースの一端を描き出してゆく。

4. 地方圏情報技術者の職業キャリア

(1) 情報技術者のキャリアパス

情報技術者のキャリアパスに関する従来の研究は、企業内における従業員の技能形成の観点からキャリアパスを分析しており、代表的な企業のキャリアプランの紹介や、個人のキャリアパスを企業内における昇進と関連づけて分析する研究がほとんどであった（梅澤2000；戸塚ほか1990；今野・佐藤1990）。おそらくこれらの研究は、情報技術者の職業キャリアについても、日本的雇用体系の範疇で理解可能との前提に基づいていたのであろう。しかし、すでに見てきたように情報技術者は企業間の移動を活発に行っており、1つの企業への勤続を前提とすることは妥当性を欠くのみならず、情報技術者の職業キャリアの持つ最大の特徴を捨象してしまうことになる。

表V-3は異動と同時に起こった職種の変化を、転職によるものと、組織内の

表V-3 対象者の異動に伴う職種の変化

（単位：回）

			移動後						
			プログラマー	システムエンジニア	その他の技術者	管理職	経営者	その他	合計
移動前	転職	プログラマー	45	60	1	4	2	8	120
		システムエンジニア	6	85	4	14	2	4	115
		その他の技術者	4	4	6	3		2	19
		経営者	1	1					2
		管理職	1	5	2	7			15
		その他	20	18	6	6	1	20	71
		合計	77	173	19	34	5	34	342
	組織内異動	プログラマー	37	35	3	1		3	79
		システムエンジニア	3	50	2	5		2	62
		その他の技術者		3	2	3		1	9
		管理職				1		1	2
		その他	1	6	1	1	1	12	22
		合計	41	94	8	11	1	19	174

資料：アンケート調査により作成。

異動である転勤・出向・転籍（組織内異動と称する）に分けて示したものである。なお、本調査では転職、転勤、出向、転籍（これらを総称して異動と呼ぶ）[18]を伴った場合のみ、職種の変化を聞いているため、ある個人が経験した職種を時間軸に沿ってすべて把握できるわけではないが、情報技術者のキャリアパスの概要を把握することはできるであろう。

　転職の84.8％、組織内異動の86.2％は30歳代前半までに行われている。一見してわかる特徴は、転職、組織内異動のいずれにおいても、プログラマーやシステムエンジニアが職を変えずに行う異動と、プログラマーからシステムエンジニアへの異動が卓越することである。これらの移動は、転職が盛んに行われる30歳代前半以下の年齢層で特に顕著である。また、管理職への異動はもっぱらシステムエンジニアから行われている。情報技術者においてプログラマーからシステムエンジニアを経て管理職へと到るキャリアパスが典型的に見られることは、従来の研究（日本労働研究機構2000；岩本・吉井1998；村上1994；今野・佐藤1987）でも指摘されてきたが、転職を経験した者もそうしたキャリアパスをたどることが示される。

　転職と組織内異動の職種の変化パターンは似通っているが、転職ではその他のカテゴリーからプログラマーやシステムエンジニア、その他の技術者への参入が見られるのに対し、組織内移動ではほとんどそれが見られない。転職によって情報技術者以外から情報技術者に転向した者は、2つのグループに分けることができる。第1のグループは、情報サービス産業以外の産業で技術系の職に就いていた者が情報技術者に転身するものである。このグループでは理工系の教育を受けた者がほとんどである。そのまま大都市圏で働き続けていれば、Ⅲ、Ⅳ章で対象とした研究開発技術者と同様のライフコースをたどった者もいたであろう。第2のグループは情報サービス産業と何ら関連性のない企業や職にあった者が情報技術者の職を得るものである。このタイプでは理工系の教育を受けた者はほとんどおらず、学歴や前職は多岐にわたっている。ここで便宜的に第1のグループを情報処理関係の専門学校卒、理工系の短大・高専卒、大学の情報処理関係の学科卒、理工系の大学卒とし、それ以外を第2のグループとすると[19]、第1のグループでは22人中16人が、第2のグループでは

22人中13人が還流移動者である。

　情報技術者以外から情報技術者に転向した者は、全体からみればわずかであり、そのうち還流移動を経験した者も、還流移動経験者全体（166人）の一部である。しかもこうした形で還流移動を行った者たちが、受け入れ先である情報サービス企業にとって即戦力になったかどうかは疑問である。しかし個人のライフコースの観点からすれば、情報技術者としての職業キャリアを積んでこなかった者の一部に対しても、情報サービス産業が雇用の受け皿となり、還流移動の機会を与えていたことは指摘しておきたい。

（2）　情報技術者の賃金と転職、還流移動

　賃金は労働の対価であり、労働者はそれによって生活を成り立たせている。年齢や職種が同じであっても、勤務先地域や企業規模、地域間移動や転職の経験など、個人の属性や職業キャリアのさまざまな要素の差異によって賃金は異なる。対象者の約60％は転職を経験しているが、転職は賃金にどのような影響を及ぼすだろうか。とりわけ還流移動の場合はどうであろうか。本節ではこれらの点に注目しつつ、何が情報技術者の賃金を左右しているのかを分析する。

　図V-6では、転職経験と勤務する事業所の立地県によって対象者を4グループに分け、さらに九州外での勤務経験によってシンボルを変えている[20]。全般に年収が年齢とともに上昇することは明らかである。特に転職経験がない者については、年齢と年収の対応は明確かつ直線的である。しかし特に福岡県勤務者のグラフにおいて、35歳以上のサンプルがかなり少ないことが注目される。35歳以上の対象者の77.8％が転職経験者であることに鑑みると、長期安定雇用と年功賃金の恩恵をセットで受けることができる情報技術者はきわめて限られると判断できる。転職経験者については、年収の散らばりが大きく、還流移動の影響も判然としない。そこで、年収に影響を与えると考えられる変数を用いた重回帰分析を行い、各変数の影響を分析する。なお、女性は結婚などによって職業キャリアを中断している者が多いため、分析から除外する。また、現在の職種が「その他」と「経営者」の者は、前節で検討した情報技術者

a）福岡県以外に勤務し、転職経験のある者　　b）福岡県に勤務し、転職経験のある者

c）福岡県以外に勤務し、転職経験のない者　　d）福岡県に勤務し、転職経験のない者

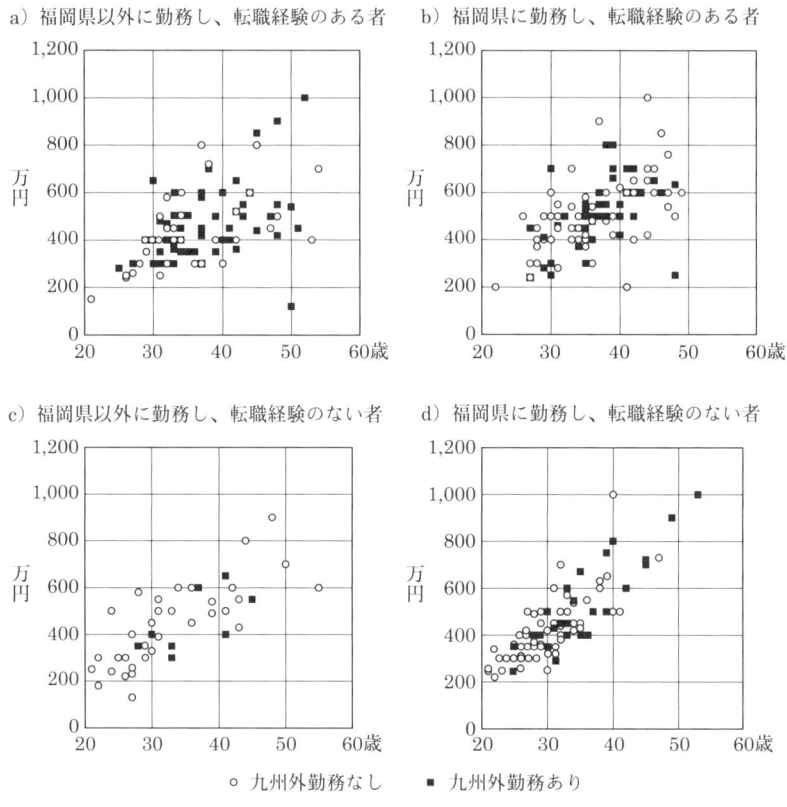

○ 九州外勤務なし　　■ 九州外勤務あり

図V-6　転勤経験と勤務地によってみた年収
資料：アンケート調査により作成。

の一般的な職業キャリアから外れるため、分析には含めていない。加えて変数に欠損がある対象者を除外した結果、327人がこの分析の対象となった。

　得られた賃金関数を表V-4に示す。「年齢」の符号は正で標準回帰係数もきわめて大きく、年齢とともに年収が上昇していたことに対応する。「年齢二乗」は負の回帰係数を示しており、賃金関数が年齢に関して上に凸であることを表している。また、「勤務地福岡県ダミー」も有意に正の回帰係数を示している。回帰係数を見る限り、福岡県に勤務することは年収を平均で38万円程度押し上げることになる。事業所規模も有意な正の回帰係数を示し、規模の大きな事業所ほど年収が高いといえる。職種についてはプログラマーを基準とし、「シ

表 V-4 賃金関数の推定結果

	回帰係数	標準回帰係数	t 値	p 値
年齢	27.4397	1.1989	3.6359 **	0.0003
年齢 2 乗	− 0.1928	− 0.6278	− 1.9450 +	0.0526
勤務地福岡県ダミー	37.6182	0.1128	2.7663 **	0.0060
職種ダミー　　システムエンジニア	39.1111	0.1179	2.2280 *	0.0266
（基準　　）その他の技術者	40.9994	0.0667	1.4180	0.1571
プログラマー　管理職	113.4615	0.2188	4.1717 **	0.0000
転職ダミー　　九州外からの転職	− 46.2430	− 0.1247	− 2.5741 *	0.0105
（基準転職なし）九州内での転職	− 15.7121	− 0.0448	− 0.9344	0.3508
事業所規模	0.4388	0.1038	2.4837 *	0.0135
切片	− 295.8874		− 2.2127 *	0.0276

＊＊＝1％水準で有意、＊＝5％水準で有意、＋＝10％水準で有意。
サンプル数　　　　　　　　　327
自由度調整済み決定係数　　　0.4616
F(9,327)＝33.002 p＜.00000
最小二乗法で推定。
資料：アンケート調査により作成。

ステムエンジニア」、「その他の技術者」、「管理職」をダミー変数とした。うち「システムエンジニア」と「管理職」が有意となり、これらの職種は同一年齢でもプログラマーに比べて年収が高い。こうした結果は、おおむね常識的なものである。

　転職の影響はどうであろうか。「九州内での転職」ダミーは 10％水準でも有意ではなかった。つまり九州内で行われる転職は、年収に影響するとはいえない。ただし、転職経験者の年収は転職未経験者に比べて明らかに散らばりが大きいので、九州内で転勤した場合、それが吉と出るか凶と出るかは場合によってかなり異なるはずである。一方、「九州外からの転職」ダミーは有意に負の回帰係数を示しており、還流移動による転職を経験した者は、調査時点での年収が低めであると判断される。前項で示したように、中には還流移動以前に情報技術者とは無縁の仕事に就いていた者もおり、こうした者については年収が

やや低くても理解できるが、絶対数は少ない。九州外勤務経験をもつ転職経験者が九州外で勤務していた企業の従業員規模は、1,000人以上が31.3%、100～1,000人が31.3%と、相対的に大規模であった[21]。情報サービス産業についていえば、受注する仕事の技術的水準は企業規模が大きいほど高くなる（加藤1993、1996）。したがって、大企業勤務経験者が多い還流移動者の中には相対的に高い技術水準を持つ者が多いと思われる。しかしここでの分析結果を参照する限り、平均的に見て還流移動者が賃金面で高い評価を受けているとはいえない。なお、九州外勤務経験のある転職者の48.9%までもが、九州に帰還した後に再び転職を行っている。このことから出身地で職を見つけることはできたものの、賃金や仕事の内容に満足できず、再び転職する還流移動者は相当数存在するとみられる。

(3) 客先常駐という働き方

　転勤で現在の勤務地に赴任してきた者を除き、本章の対象者は出身地で生活することを希望して、地元のソフトウェア企業に就業機会を求めたと考えられる。しかしその希望は、ソフトウェア企業特有の働き方によって水を差されることがある。それが客先常駐という働き方である。客先常駐とは、発注元企業の現場に常駐して、ソフトウェアの開発やメンテナンスを行うことであり、常駐させる側からは「人だし」といった言葉で呼ばれることもある。地方圏のソフトウェア企業の中には、大都市圏への「人だし」を企業存立の基盤としているところも少なからずある（片山1993）。客先常駐という形態が採られる理由は、頻繁な打ち合わせの必要性や、発注元企業の情報漏洩対策、進捗管理のしやすさなどさまざまであるが、いずれにしても日本のソフトウェア産業が受注ソフト中心であり、重層的な下請け構造を持っていることに起因する。

　本章の対象者のうち、客先常駐を経験したことがある者は29.1%であった（表V-5）。これは過去1年間に限った数字であるので、過去一度でも客先常駐を経験したことがある者は、これよりも相当多いであろう。客先常駐経験者は特に福岡県勤務者に多い（福岡県勤務者36.3%、その他の県勤務者18.5%）。常駐先の顧客の業種で最も多いのは、情報サービス業（35.0%）であり、客先

表V-5　対象者の客先常駐の経験

a.客先常駐の経験	(人)	(%)	c.客先常駐の延べ日数	(人)	(%)
ある	143	29.1	30日未満	11	7.7
ない	319	64.8	30日～90日未満	32	22.4
合計	492	100.0	90日～180日未満	28	19.6
b.常駐先の所在地			180日以上	71	49.7
県外	41	28.7	不明	1	0.7
県内	99	69.2	合計	143	100.0
不明	3	2.1	d.常駐箇所		
合計	143	100.0	1カ所	97	67.8
			2カ所以上	45	31.5
			不明	1	0.7
			合計	143	100.0

注）過去1年間に関するもの。
資料：アンケート調査により作成。

　常駐がソフトウェア企業間での下請けと関連した働き方であることがわかる。ソフトウェア産業の集積が進んでおり、顧客となる事業所も多い福岡では、それだけ下請け構造も発達しており、客先常駐という形態が採られることも多いのである。

　客先常駐を経験した対象者の約70％は同一県内の客先への常駐であったが、全対象者の8.3％に当たる41人は県外への客先常駐を経験している。過去1年に限れば経験者は10人に1人にも満たないわけだが、ライフコース全体を通して見れば相当の確率で県外への客先常駐を命じられると覚悟しなければならないはずである。また、客先常駐の期間はかなり長い。全体では54.9％、県外が常駐先の場合でも36.6％の経験者が延べ180日以上、つまり約半年以上を客先で過ごしていた。また、過去1年間に複数の客先に常駐した者が31.5％に上る。たとえ県内であったとしても、半年もの間客先で働いたり、複数の現場を転々としたりすれば、本来の雇用主である企業への帰属意識は薄れるであろう。まして県外への客先常駐は、出身地での生活を望んで地元に就職した者にとっては受け入れがたいに違いない。

　客先常駐という働き方に対する不満が、転職という形で意思表示されること

も考えられる。九州内での転職であれば、必ずしも賃金が下がるわけではないので、情報収集次第では、条件の良い就業機会を見つけることもできるはずである。しかし客先常駐という働き方から逃れられる就業機会を見つけることは容易ではない。対象事業所の中で、従業員票を返送した従業員（すなわち対象者）の中に、過去1年間に客先常駐を経験した者が1人でもいた事業所は43.5%であった。従業員票は各企業最大で3通であるから、従業員全員に拡大すれば客先常駐が存在する職場はもっと多くなるであろう。現状では、客先常駐は日本のソフトウェア産業の構造に起因する宿命的なものといえ、地方圏の情報技術者にとって想定しておくべき出来事といわざるを得ない。

5. 小 括

　本章では、情報技術者のライフコースを通じて、日本的雇用体系という言葉が日本の労働市場を象徴する概念としての妥当性を失った時代におけるライフコースの特徴について考えてきた。1つの企業に忠誠を誓っても得られるものが少なくなれば、職業キャリアはおのずと転職を前提としたものとなるであろうし、地方圏出身者については、出身地で生活することの魅力が相対的に高まるであろう。本章の対象者である地方圏情報技術者のライフコースの実態は、そうした想定に合致するものであり、転職経験者が約60%に達し、35歳以上の年齢層では、還流移動者が高い割合を占めた。地方圏出身者にとって、転職を決意すること、すなわち1つの企業に勤続するのではない職業キャリアを選ぶことは、しばしば出身地での生活を選ぶことと結びついている。
　情報技術者の職業キャリアでは、転職をしつつもプログラマー→システムエンジニア→管理職という典型的なキャリアパスが形成されている。また、九州内であれば、当たり外れは大きいものの、平均的に見れば転職によって賃金が下がるとはいえない。その点からも、情報技術者の労働市場は転職を前提としているといえる。ただし、還流移動の経験は、賃金にマイナスの影響を与えていた。還流移動者は地理的に離れた場所から転職先に関する情報収集を行わね

ばならないうえ、就職活動の過程で企業と接触することも困難である。そのため高い技術や知識を持っていながらも、ミスマッチによって賃金面で低い評価を受けてしまう可能性は否定できない。還流移動の後に再び転職を行う者が多い現状は、還流移動者が賃金面で不満を抱いていることや、就職先の決定過程でミスマッチが起こっていることを示唆している。

研究開発技術者の新規学卒時の就職においては、教育機関が就職情報の架け橋となったのであった。ほとんどの地方自治体は、求人情報の提供などを通じて還流移動者と地元の就業機会を結びつける努力を行っているが、地元に比べて求人情報の開示時期が遅れてしまうことや、地域の求人情報が網羅できていないことなどが共通の問題点となっている[22]。本章のもとになる調査をした時に比べ、現在では民間の職業紹介サービスも充実してきているが、出身地で生活したいと望む情報技術者が十分に能力を発揮でき、それに見合った報酬を得られるようにするためには、職にまつわる情報の円滑な流通に向けて、官民が協力して取り組むことが必要である。

地元に根差した生活を望む情報技術者にとって、客先常駐の命令は晴天の霹靂ともいえる。長い職業キャリアの中では、県外に半年といった客先常駐を命じられる可能性は決して小さくはない。しかしこうした働き方は、受注ソフトが中心で重層的な下請け構造が発達している日本のソフトウェア産業においては、宿命的なものである。地方圏の情報技術者にしてみれば、ある程度の客先常駐は地元で生活できることの代償として了解済みの事項かもしれない。

記述の順序が逆になったが、本章ではアンケート調査の分析に先立ち、1980年代に起こった情報サービス産業の地方圏展開を、企業の労働力確保との関係において検討してきた。大都市圏の情報サービス産業は、それを支える情報技術者の多くを地方圏からの調達に依存してきた。しかし、「自分の地域で労働し生活する」ことを重視する意識の高まりによってそれが難しくなったため、大手ソフトウェア企業は地元志向の情報技術者の受け皿として地方圏に支所や子会社を設立した。そしてそれをもとに、地方圏にも情報サービス産業が根付くようになった。こうした顛末は、人々のライフコースに関するプライオリティの変化が、ライフコースを制約してきた諸機会の地理的偏在を突き動

かす力となりうることを示している。本章が描き出してきた地方圏情報技術者のライフコースは、情報サービス産業の地方圏展開の結果であると同時に、原因ともいえる側面を有しているのである。

注
1) その要因としては、情報サービス産業の主要な顧客である製造業の分散に対応して、需要を確保するために教育水準の高い情報技術者が国内各地に配置されたことが挙げられている。
2) 1986年の技能労働者等需給状況調査結果報告（1985年6月調査）によれば、システムエンジニア、プログラマーの在職者数が27万1,500人であるのに対し、不足者数は6万9,900人であった。
3) メーカー系企業とは、コンピュータメーカーの子会社・関連会社に当たる情報サービス企業をさす（日本労働研究機構2000）。
4) 「増大する開発規模に対応するためには、優秀な技術者を長期的、安定的に確保する必要がある。しかし、ソフトウェア技術者の慢性的不足に加え、地元定着型、Uターン志向等の就労状況の変化は京浜地区での技術者確保をますます難しくした。分散開発はこれらの状況に対応し、地域の優秀な人材の発掘と、技術者を安定的に確保し開発力の強化を目的に推進してきた」（日立製作所ソフトウェア開発本部1994：167）。「この時期、ソフトウェアの需要が急激に増加した。しかし、地方へのUターン現象もあって、大都市圏での開発要因の不足が顕著となった。そのころ、当社は遠隔地分散開発を試行していた。FCA（FACOMセンター協議会、富士通のコンピュータを導入している情報サービス企業の共同体）にとって、この技術は需要の多い大都市の会員と開発要員を獲得しやすい地方の会員との連携を図るうえで格好の材料であった」（富士通エフ・アイ・ピー1994：131、括弧内は筆者）。
5) 富士通はその典型例である。「富士通の地方子会社戦略は（昭和）五十四年、小林大祐会長（当時社長）の『ソフト会社を全国に百社つくる』という号令でスタートした。まず東京、大阪など大都市圏で設立し、昨年（1983年）あたりから本格的に地方都市での展開を始めた。現在（1984年4月）、地方子会社は全部で三十二社あるが、これら子会社に今春入社した社員は約一千人、大半がエンジニアであり、富士通本体の大卒新入社員数九百五十人と比べると、いかに同社のソフト部門が地方にシフトしているかがわかる」（日経産業新聞1984年4月17日、括弧内は筆者）。
6) 以下のような新聞記事がある。「情報処理会社のミロクソフトウェア（本社東京、社長栗山民毅氏、資本金一億円）は人材確保のため来春高校新卒者を対象にコンピュータのソフトウェア技術者を養成する『ミロク技術専門学院』を開設する。同社とそのグループのソフト技術者が講師となり実践を踏まえて一年間教育し、同社グループへの就職を保証しよう

というもの。(中略)この方法はすでに三年前から通信システム開発のベンチャー企業、日本通信システム(本社東京、社長谷村外志男氏、資本金四千八百万円)でも採用している。同社は現在、東京、金沢など四都市に専門学校をつくっており、来春には香川県高松市にも開設する計画」(日本経済新聞1983年11月17日)。「有力ソフト会社の日本ナレッジインダストリが専門学校を設立して自前で技術者養成に乗り出す準備を進めるなど、各地で自衛措置を取る企業が増えている」(日経産業新聞1984年8月11日)。

7) 雇用保険法に基づいて創設された失業予防を目的とする制度の1つ。景気変動、産業構造の変化やその他の経済上の理由から事業活動の縮小を余儀なくされた場合、労働者の失業の予防や雇用安定のために、休業、教育訓練、出向を行う事業主に対して助成金が支給される制度(有斐閣経済辞典第3版による)。

8) 地方の事業所を閉鎖してしまわないまでも、これまで堅持してきた親会社の賃金体系や人事制度を改め、地域格差をこれまで以上に利用しようとするメーカー系のソフトウェア子会社も現れた。「平成8年度6月には、さらに能力主義、実績主義を徹底させることを目的として、独自の賃金制度を導入、年功的賃金項目である基本給部分を縮小して基本給とし、能力、実績反映部分である職能給部分を拡大することで従来以上に年功を排すとともに、生計費、賃金水準の地域格差を賃金に反映させるため、地域給を新たに設けた。部課長についても、従来の月報を本給、地域給と職分手当に分けることにより、職分と給与の関連を明確化した」(日立ソフトウェアエンジニアリング2000:94)

9) インターネットタウンページにおいてソフトウェア業とインターネット関連サービス業の両方に登録があった企業の設立年は、ソフトウェア業と類似していた。これらは既存のソフトウェア業の事業所がインターネット関連の業務に進出したものと考えられるため、本章の分析に含めている。

10) 10人以下の事業所が37.4%、11人から30人まで事業所が35.5%を占める。これに対し、事業所の設立経緯が子会社・関連会社、支社・支所であるソフトウェア業の事業所の従業員規模は、平均で37.6人である。

11) アンケート調査票において設定した職種のうち、プログラマー、システムエンジニア、コンサルタント・アナリスト、カスタマーエンジニア、セールスエンジニア、ネットワークエンジニア、コンテンツ制作をさす。

12) 高校卒業時に居住していた都道府県を出身地とする。

13) 対象者には、東京圏の出身者は7人しかおらず、「その他の地域」のカテゴリーに含まれる46人の多くは関西の出身者である。

14) これは調査票のレイアウト上の問題であると思われる。

15) 親企業の制度を受け継ごうとする姿勢は、社史における記述からもうかがわれる。「人事処遇制度は、制度としては㈱日立製作所殿の諸制度を受けつぎ、基本精神として能力主義、業績主義に基づく公平、公正な処遇を維持することに努めている」(日立ソフトウェアエンジニアリング1991:84)。さらに1980年代における人材不足の時期に、学校を通じた

人材の確保に努めたことについて明記している社史もある。「会社設立（1984年）当時、総務部門の課題は、何といっても人材の確保であった。当時の売手市場の中、年間100名にも及ぶ大量採用をしてゆくことはきわめて困難であり、管理部門だけでなく全社一丸となってこれにあたった。青江常務取締役（当時）を始め役員・管理職の方々も真夏の炎天下に汗だくとなりながら学校訪問を繰り返した」（富士通ネットワークエンジニアリング1995：49）、「さらに、採用委員会での全社的な支援、出身学校ごとのOBによる学校訪問、応募者や内定者フォローの充実など、求人から入社までの全プロセスの改善を行った」（富士通エフ・アイ・ピー 1994：169、括弧内は筆者）。

16) 本章では出身地に帰還した者のみならず、いわゆるIターン、Jターン者を含めた九州外での勤務経験を持つ者すべてを便宜的に還流移動者と呼ぶ。ただし、九州外の出身者は10.8%にすぎず、九州出身者に限れば78.1%は出身県に勤務先を持っているため、実質的には大部分が出身県への帰還者である。

17) 九州内で行われた転勤の79.6%、九州外から九州内への移動を伴う転勤の89.8%は、ともに35歳未満で行われている。

18) 分析可能な異動のサンプルは726である。出向、転籍は、ともに勤務先企業の命令で子会社や関連会社に出向いて働くことを意味するが、転籍の場合、元の雇用者との雇用関係は切れてしまう。アンケート調査は選択式で回答を求めたため、転勤、出向、転籍の厳密な区別は難しいと判断し、これらを組織内移動として一括した。参考までに異動の内訳を示すと、転職67.9%、転勤15.7%、出向11.7%、転籍3.7%である。

19) 職歴においてその他のカテゴリーを選択した場合には、具体的な仕事内容を記入する欄を設けたが、その他から情報技術者への異動を経験した44人のうち、6人は空欄であった。また、記入があっても、特許調査やデザイナーなど、第1、第2のいずれのグループにするか決めがたいものが散見される。そのため、便宜的に学歴によってグループ分けを行った。

20) 転職経験がなく、かつ九州外勤務経験者は、九州外への転勤を経験した者や、大都市圏で採用された後、九州での支所や子会社の設立に伴って転勤・出向してきた者で構成される。

21) なお、九州内で行われた転職の場合、以前勤務していた企業の従業員規模は1,000人以上が15.3%、100～1,000人が20.6%である。

22) 2001年1月に福岡県を除く九州各県の東京事務所に対して行った聞き取り調査による。

VI

九州におけるインターネット関連産業の動向と従業員の職業キャリア

1. はじめに

　日本においてインターネットが一般化してから、10年あまりが経過した。もはやインターネット登場以前の生活を想起することが難しいほどに、インターネットは日常のさまざまな局面に浸透し、人々の生活に多大な影響を及ぼしている（Castells 2001 ; Graham and Marvin 1996、2001）。インターネットでは、情報の即時性と双方向性が確保できるが、電話のように情報の送り手と受け手の同時性は必ずしも必要とされないため、きわめて自由度の高いコミュニケーションが可能である。また、インターネットの登場によって、映像、文字、音声といった多様なメディアが複合した情報を発信することが容易となった。こうしたインターネットの特性は、従来の産業カテゴリーではとらえきれない経済活動を生み出し、それらは都市の新たな経済基盤として注目を集めている（Braczyk et al 1999 ; 小長谷・富沢編著 1999 ; 荒井 2005）。

　新しいインターネット関連企業が次々と誕生し、そこからまた新たな企業が芽吹いてくるという激しい新陳代謝のなかを、新しい発想を持った人材が盛んに移動し、産業全体が発展してゆく。ほんの少し前までは、そうしたさまを書きたてたジャーナリスティックな記事を頻繁に目にした。いわば「転石苔むさず」的なエートスに従って自らの職業キャリアを形成してゆく「ITエリート」の姿は、閉塞感の漂う日本社会に半ば羨望のまなざしを持って受け入れられた。そうした現象のかなりの部分は、マスコミの誇張と人々の希望の相互作用によるものであろう。ITバブルが崩壊し、インターネットがある意味で陳腐

化した現在、インターネット関連産業に向けられる人々のまなざしは、かつてほど熱いものではない。しかしインターネット関連産業が日本の経済的な躍進を支えてきたかつての主導産業とは異なる原理で動いていること、そしてITベンチャーの経営者や技術者のライフコースが、かつての日本的雇用体系の下でのライフコースとは異なったものとなるであろうことは、ITバブルの熱狂がひと段落した現在においても一般的な認識であると思われる。本章では、主としてアンケート調査に基づき、九州におけるインターネット関連企業で働く人々のライフコースを、職業キャリアを中心に分析する。まずは既存研究を整理し、そのうえでこうした分析視角の意義を提示したい。

　インターネット関連産業を対象にした研究は、すでに一定の蓄積を見ている（Zook 2005；Arai et al 2004；Moriset 2003；湯川 1998、1999、2001）が、その多くは大都市圏を対象地域としている。インターネット関連産業の生産物であるデジタル情報財は、原理的にはインターネットを介してやり取りできるため、同産業の潜在的な立地自由度はきわめて高い。ところがインターネット関連産業は、少なくともその初期においては、特定の大都市の内部に局所的な集積を形成する形で発展してきた。そのため、情報化の恩恵を受けやすく立地自由度が高いと考えられる産業が、逆に著しい集中を見せるというパラドクシカルな現象として、インターネット関連産業の集積は地理学における議論の俎上に上ってきた（長尾・原 2000）。

　たとえば Zook（2000）は、インターネット関連企業の立地点を .com で終わるドメイン名の登録場所に比定し、合衆国におけるインターネット関連企業の集積状況を地図化した。日本では、湯川（2001）が NTT タウンページ等を用いてデータベースを作成し、当時「ビットバレー」と呼ばれていた渋谷周辺におけるインターネット関連企業の集積状況を明らかにした。インターネット関連企業が特定の都市あるいは都市内部の特定地域に著しく集中していることは、漠然と認識されてはいたが、これらの研究はそれを定量的に裏付けるものであった。

　代表的な集積地域が認知されてくるにつれ、集積をもたらす要因への関心が高まってきた。Zook（2002）はインタビューと計量分析を併用し、インター

ネット関連企業の創業に果たすベンチャーキャピタルの役割を分析した。ベンチャーキャピタルは起業家に対する金銭的な支援のみならず、経営上の助言や人脈の形成の面でも重要な役割を果たしており、インターネット関連産業の集積の形成に寄与することが明らかにされた。また、Scott（1999）は南カリフォルニアにおけるマルチメディア産業の成立要因を地域労働市場の誕生との関係でとらえ、当地に立地する教育機関が当該産業に適した労働力を供給していることを重視している。インターネット関連産業については、育成のための支援策を講じている政府や自治体が多いため、その内容を紹介あるいは評価する研究も見られる。たとえば湯川（1998）は、サンフランシスコのマルチメディアガルチにおける集積形成に対する政策の寄与は小さいとしている。一方シリコンアレーについては、ニューヨーク市の施策やNPOの役割が評価されている（湯川 1999；Heydebrand 1999）。

　大都市圏における集積が脚光を浴びる一方で、地方都市におけるインターネット関連企業の誕生も注目を集め始めた。Zook（2000）は、合衆国において絶対数はそれほどではないが、総企業数で標準化するとインターネット関連企業の集積密度が高い地方都市があることを確認している。また、国土交通省国土計画局大都市圏計画課編（2001）によれば、ソフト系IT産業の事業所の立地は現在のところ東京都区部や政令指定都市のターミナル駅付近が多いものの、それ以外の地方都市に立地する事業所数も45.4%を占め、伸び率では東京都区部および政令指定都市よりも高くなっている。後に述べるように、結果の解釈に留保条件を付ける必要があるが、この調査ではソフトウェアや情報処理サービスの企業に比べてインターネット関連企業の東京都への集中度が低いことが示されている。こうした調査結果は、特定の大都市圏における集積のみをもって、インターネット関連産業全体を語りうるとする姿勢が、もはや不適切であることを示唆している。

　日本のインターネット関連産業は、大都市圏における集積が注目を集めてから間もなく、地方圏にも立地が見られるようになった。札幌駅北口や福岡市中央区の大名地区におけるインターネット関連産業の集積は、早い段階で見いだされている（日本政策投資銀行九州支店 2000；日本政策投資銀行北海道支店

2000)。ある地域にある産業の立地が見られるということは、その地域にはその産業で働くことによって生活している人々がいることを意味する。インターネット関連産業が、現時点で地方圏にどの程度の就業機会をもたらしているのかは不明である。しかし「自分の地域で労働し生活する」ことを望む者にとって、インターネット関連産業の誕生が、多少なりともその可能性の地平を広げてくれるものであることは確かである。

　地方圏のインターネット関連産業で働いているのはどのような者たちであり、どのような職業キャリアを歩みつつあるのだろうか。また賃金水準はどの程度であろうか。ソフトウェア産業ほどの存在感を示す産業であっても、地方圏で働く情報技術者の姿を明らかにしてくれる先行研究はほとんどなかったのであるから、インターネット関連産業に関して先行研究からこの問いに答えることは不可能である。そもそも、広く関心を集めてきた大都市圏の集積内部についてすら、インターネット関連産業で働く者たちに関する情報は、Arai et al（2004）が東京圏を対象地域に年齢等の基本属性と居住地の分布を示している程度である。そこで本章では、九州におけるインターネット関連産業従事者の属性や職業キャリア、年収水準などを把握することを目的とする。そうした作業から得られる知見は、地方圏において自らの出身地に根差したライフコースを送りたいと願う者たちにとって、インターネット関連産業が生み出す雇用がどの程度期待できるものなのかを考える手掛かりとなるであろう。なお本章では、対象企業や対象者の属性については、九州と東京圏との比較の形で分析結果を提示する[1]。東京圏のデータは九州のインターネット関連産業の実像をとらえる上での貴重な参照軸となるであろう。また、インターネット関連産業に関する経験的知見の蓄積がない現状では、東京圏のデータを分析することそれ自体にも十分な意義があると考える。

2. インターネット関連企業の立地動向

　インターネット関連産業のような新しい産業については、産業分類が実態に追いつかないため、従業員数や立地といった基本的情報であっても、統計によって把握することは難しい。そのため国土交通省は、インターネット関連産業をはじめとするソフト系IT産業の立地動向を把握するに当たり、NTTタウンページを基礎データとしてきた[2]。国土交通省によるソフト系IT産業とは、インターネット関連サービス、ソフトウェア業、情報処理サービスの3業種を指し、それぞれはNTTタウンページの業種分類に対応している。2004年9月時点でのソフト系IT産業（3業種合計）の立地は、東京都が事業所の30.0%を占有しており、ソフト系IT産業の立地は東京一極集中といえる。ところが東京都の事業所占有率を業種別に見ると、ソフトウェア業が34.7%、情報処理サービスが26.2%であるのに対し、インターネット関連サービスは23.4%と最も低い値となっている。この結果を見る限りでは、インターネット関連サービスは、ソフト系IT産業の中では相対的に地方圏への立地が進んでいるといえる。

　しかし、この結果の解釈には留保が必要である。事業所・企業統計では、2004年からようやく産業小分類に「インターネット附随サービス業」が設定され、その立地が把握できるようになった。これによると、2004年のインターネット附随サービス業の事業所数は、全国で1,717であり、その43.6%は東京都に集中している。その集中度合いは、「ソフトウェア業」の37.2%、「情報処理・提供サービス業」の37.5%を上回っており、NTTタウンページに基づく立地分析とは逆の結果になる。

　これにはいくつかの原因が考えられる。まず指摘すべきことは、NTTタウンページと事業所・企業統計の事業所数に大きな乖離があることである。事業所・企業統計のインターネット附随サービス業の全国事業所数が1,717であるのに対し、NTTタウンページのインターネット関連サービスはその5.3倍の9,090である。インターネット関連企業の大多数は、誕生から間もないきわめ

て小規模な企業であり、自宅など外観からは事業所とわからない場所で営業している例も少なくない。事業所・企業統計は、事実上事業所に対する悉皆調査であるが、少なくともインターネット関連企業については、相当数の遺漏があると見なければならない。

　事業所・企業統計の産業分類も、乖離の大きな原因である。事業所・企業統計では、産業分類は企業単位で行われ、企業全体の主な事業の種類（企業全体の過去1年間の総収入額または総販売額の最も多いもの）によって分類している。したがってインターネットに関するサービスの提供やソフトウェアの開発を行っていても、それが企業全体の総収入に最大の貢献をしていない限り、インターネット附随サービス業とはみなされない。インターネット関連企業の中には、印刷業や広告業からデジタル・コンテンツ製作に進出した企業や、インターネットがあって初めて利用可能となるソフトウェアを開発する企業など、事業所・企業統計であれば他の産業に分類されると考えられる企業が多数存在する（Ⅶ章参照）。そうした企業の活動も射程に収めた調査・研究を行わない限り、インターネット関連産業の全体像を把握することはできない。事業所・企業統計による産業分類の方法では、インターネット関連産業の広がりを過小評価してしまうのである。

　もっとも、NTTタウンページによるインターネット関連サービスの事業所数は、逆にインターネット関連産業の展開を過大評価しかねない。NTTタウンページは、元来広告的な要素を持っており、1つの事業所を複数のカテゴリーに登録することも可能であるため、少しでもインターネットに関わる業務をしている事業所は、積極的に「インターネット関連サービス」のカテゴリーに登録すると予想される。しかし、少なくとも事業所・企業統計によって把握されるよりもはるかに多くの事業所がインターネット関連の事業を行っており、それが地方圏にもかなり及んでいることは確かだと思われる。ここでは、さしあたり入手可能なNTTタウンページのデータを使用し、インターネット関連産業の立地動向を地図化する[3]。

　まずは2003年11月時点におけるインターネット関連サービスの事業所数を都道府県別に示す（図Ⅵ-1）。この時点での全国におけるインターネット関連

Ⅵ 九州におけるインターネット関連産業の動向と従業員の職業キャリア *121*

注) 2003年11月の時点。

図Ⅵ-1 都道府県別インターネット関連事業所の立地
資料:「店態観測」により作成。

サービスの事業所数は9,157である。事業所数は東京都が群を抜き(2,172事業所、全国に占める割合23.7%)、これに大阪府(792事業所、同8.6%)、愛知県(511事業所、5.6%)、神奈川県(475事業所、5.2%)が続く。これ以外で300事業所を超えているのは、福岡県(374事業所、4.1%)と北海道(349事業所、3.8%)のみである。両県道は、地方圏におけるインターネット関連産業の代表的集積として知られる大名地区と札幌駅北口周辺とを、それぞれ擁している(日本政策投資銀行九州支店、2000;日本政策投資銀行北海道支店、2000)。

続いて、九州におけるインターネット関連産業の分布を見る(図Ⅵ-2)。2003年11月の時点で九州に立地していたインターネット関連サービスの事業所数は803であり、全国の8.8%を占めている。九州は総面積で日本の国土の11.2%、人口では全国の10.6%、域内総生産(名目)では全国の8.8%を占めている[4]。九州と大都市圏とでは立地するインターネット関連企業の規模や事業内容に差異があると考えられるが、事業所数に限っていえば、九州ではイン

図VI-2 九州におけるインターネット関連事業所の立地
資料:「店態観測」により作成。
注) 2003年11月の時点。

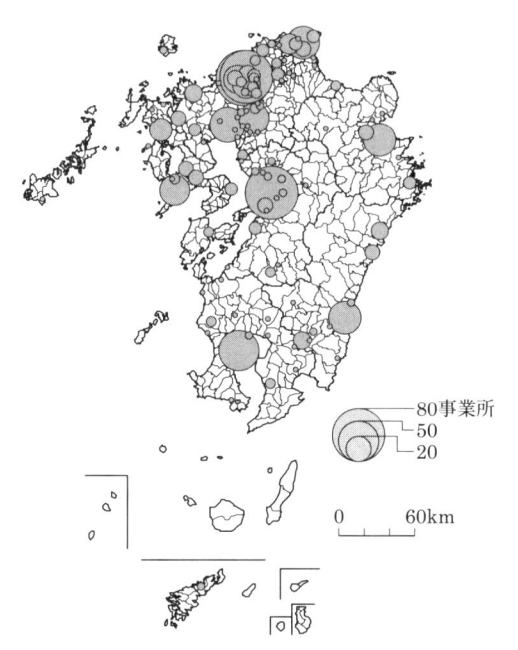

ターネット関連産業の立地が一定程度進んできているとみてよいであろう。

市町村別にインターネット関連サービス事業所数の分布を見ると、県庁所在都市およびそれに準ずる都市に立地する事業所が多いことがわかる。インターネット関連産業の地方圏への立地は、県庁所在都市への集中を伴いながら進んできたといえる。特に東九州および南九州では、県庁所在都市以外にはあまり立地が見られない。一方で、福岡県から長崎県、熊本県に至る九州北西部では、県庁所在都市周辺にも立地が進んできており、ある程度面的な分布の広がりが認められる。

インターネット関連産業については、既存の資料による限り、ここで行ったような立地分析以上のことをするのは難しい。そこで次節では、筆者らが行ったインターネット関連企業の特性や従業員の属性に関するアンケート調査に基づいて分析を進める。

3. 東京都区部と九州のインターネット関連産業の比較

　アンケート調査の対象となったのは、NTT タウンページにおいて、「インターネット関連サービス業」に登録されていた事業所である。すでに述べたように、NTT タウンページのデータにはいくつかの問題がある。しかし現時点では、インターネット関連企業の住所を把握できる最も網羅的なデータベースであり、先行研究での利用例（湯川 2001；絹川・湯川 2001；国土交通省国土計画局大都市圏計画課編 2001）もあることから、これを採用することにした。
　具体的には NTT インターネットタウンページから「インターネット関連サービス業」の事業所を抽出したのち、同一事業所について複数の電話番号が登録されているものの重複分を削除した。この作業は、東京都区部に立地する企業に関しては 2000 年 6 月に、九州 7 県に立地する企業に関しては 2001 年 9 月に行った。その結果、東京都区部については 796 の、九州については 550 のインターネット関連企業のデータベースが完成し、これに基づいて調査票を郵送した。東京都区部での調査は企業票 1 通、創業者票 1 通、従業員票 3 通を、九州での調査は企業票 1 通と従業員票 3 通を各事業所に郵送した。東京都区部では 2001 年 4 月に調査を実施し、企業票は 136 社、個人票は 198 人から有効な回答を得た。九州での調査は 2001 年の 11 月から 12 月にかけて行い、企業票は 60 社、個人票は 133 人から回答を得た。データベースの単位は、厳密には事業所であるが、回答を寄せた事業所（東京都区部 136、九州 60）のうち、支所・支社であったものは東京都区部が 6 事業所、九州が 1 事業所にとどまったので、以下では分析単位について企業という呼称を用いる。
　対象企業の創業年を見ると、東京都区部の企業では、インターネット元年といわれる 1994 年以前に設立されたいわば老舗の企業が 53.1% を占めた。これに対して九州では、1994 年以前設立の企業は 41.7% であり、相対的に若い企業が多い。しかし 1980 年代までに立地した企業の割合は、東京都区部（34.5%）と九州（31.7%）の間にほとんど差がない。1980 年代はソフトウェア企業の子会社・関連会社の設立を軸に、情報サービス産業の地方圏への立地が進んだ時

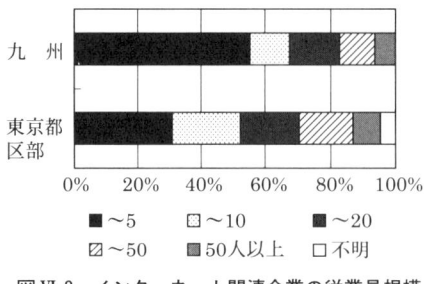

図VI-3 インターネット関連企業の従業員規模
資料：アンケート調査により作成。

期であった（V章参照）。同時期に立地した情報サービス企業の一部が、1990年代に入ってインターネット関連の業務にも進出したため、九州では1980年代に設立された企業が多くなっていると推察される[5]。

対象企業のほとんどは従業員50人以下の企業であり、5人以下の企業も少なくない（図VI-3）。小規模の企業が卓越する傾向は、九州で一層顕著であり、58.3%は従業員5人以下である。一方東京都区部では、従業員5人以下の企業の割合は31.6%にとどまる。従業員規模の差は両地域の経済規模の差を反映したものと思われるが、従業員数は設立年次の古い企業ほど大きい傾向にあることから、東京都区部と九州の設立年の差もまた、従業員規模の差の一因となっていると考えられる。

続いて東京都区部と九州の従業員の属性を比較しよう。対象者の性別は、東京都区部が男性76.6%、女性23.4%、九州では男性71.4%、女性26.3%（不明2.3%）とほぼ同じである。平均年齢は東京都区部、九州ともに33.7歳であるが、年齢構成は若干異なっている（図VI-4）。東京都区部では20歳代後半が全従業員の約3分の1を占めて最も多いのに対し、九州では30歳代の前半が分布のピークであり、30歳代と40歳代の従業員が相対的に多くなっている。企業の創立において後発の九州のほうが相対的に高齢な年齢構成になっているが、これは従業員の地域間移動と関連していると考えられる。

九州のインターネット関連企業の従業員の95.5%は九州の出身者[6]である。対象者のうち、20.3%は学卒直後に九州外に就職したが、その大半は出身県に帰還している。そのため、結果的に対象者の85.0%は調査時点で出身県で就業していた（図VI-5）。そこで、本章では学卒直後の就職先が九州以外の地域の者を還流移動者とする。東京都区部の従業員については出身地を把握できていないが、九州の場合とは異なり、他地域の出身者がかなり含まれていると考

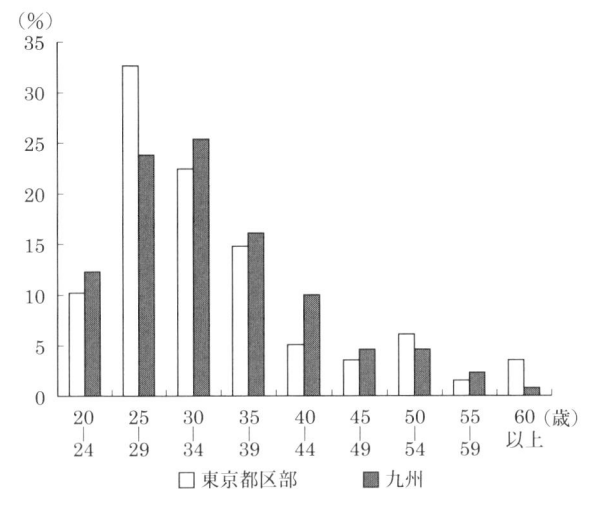

Ⅵ 九州におけるインターネット関連産業の動向と従業員の職業キャリア　125

図Ⅵ-4　インターネット関連企業従業員の年齢
資料：アンケート調査により作成。

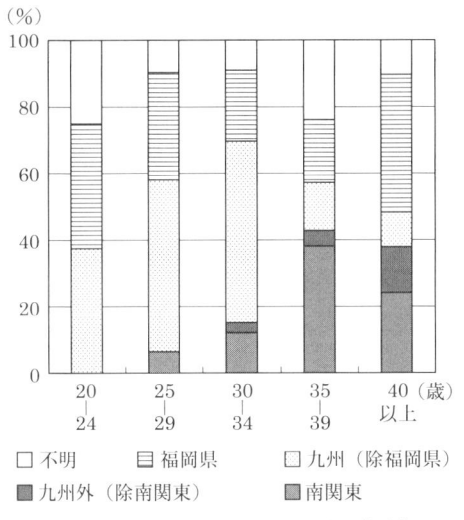

図Ⅵ-5　九州のインターネット関連企業従業員
　　　　の学卒直後の就職地域
資料：アンケート調査により作成。

えてよいであろう。彼らの一部は次第に出身地域に還流移動してゆき、その累積数は加齢とともに増加する。一方で還流移動者を受け入れる九州では、東京都区部に比べて高年齢層の比率が高くなるはずである。そのことは図VI-5において、年齢階層が高くなるにつれて還流移動者の比率が高くなっていることに表れている。

東京都区部の対象者のうち、インターネット関連産業内の他社への勤務経験を持つ者は53.9%であり、32.0%は現在勤務している企業のほかに同産業内で2社以上の勤務経験を持っていた[7]。九州では69.2%の対象者が転職経験を持っており、現在勤務している企業以外に2社以上の勤務経験を持つ者も38.4%に上る。図VI-4のような若年層に偏った年齢構成であるにもかかわらず、転職経験者が過半数を占めることから、インターネット関連産業はV章でみたソフトウェア産業と同様に、あるいはそれ以上に、職業キャリアの中で転職を経験することが一般化しているといえる。

従業員の学歴は、全般に東京都区部のほうがやや高いが、両地域とも35歳以上のほうが大卒者の割合が高かった（図VI-6）。34歳以下の年齢階層では、専門学校卒の構成比が上昇している。これはV章で述べたように、1980年代以降に情報サービス産業の労働力需要が急速に高まり、それに伴って情報処理系の専門学校が相次いで創設されたことを反映していると考えられる。先行研究に乏しいインターネット関連産業においては、適切な職種のカテゴリー設定が難しかったため、東京都区部の調査では対象者の従事している仕事の内容を簡単に記述してもらうことによって事後的に職種分類をした（Arai et al 2004を参照）。記述を検討した結果、対象者の職種は「開発」、「コンテンツ」、「管理部門」、「その他」に区分することが適当であると判断した。九州の調査では、東京都区部での調査を参考に職種の選択肢を設定し、そこから回答者に選択してもらうのと同時に、仕事内容の自由記述も求めた。ここでは東京都区部の調査と比較するため、自由記述に基づく職種区分を示す（表VI-1）。東京都区部と九州の従業員の職種構成に大きな差異は認められないが、開発とコンテンツをインターネット関連産業の技術的な側面を担う労働力であるとみなしてひとまとめにした場合、九州ではその割合がやや低い。VII章で詳述する大分県で

VI 九州におけるインターネット関連産業の動向と従業員の職業キャリア　127

表VI-1　対象者の職種の比較

	東京都区部		九州	
開発	62人	31.5%	39人	29.3%
コンテンツ	57	28.9	33	24.8
管理部門	50	25.4	39	29.3
その他	20	10.2	16	12.0
不明	8	4.1	6	4.5
合計	197人	100.0%	133人	100.0%

開発：システム開発・管理、プログラマー、SE
コンテンツ：HP、CD-ROM、CG制作、DTP
管理部門：経営、営業、経理、事業全体の企画
その他：入力など
資料：アンケート調査により作成。

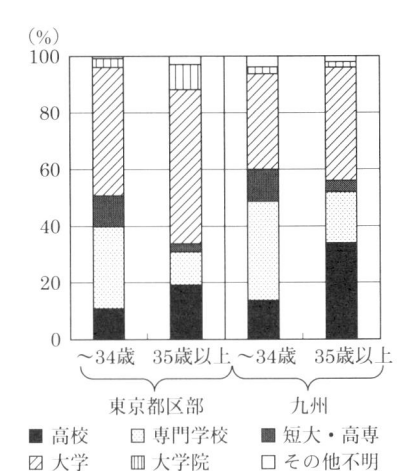

図VI-6　対象者の学歴の比較
資料：アンケート調査により作成。

　インターネット関連企業の調査を実施した時点では、プロバイダー業務やサーバレンタル、あるいはパソコン教室といった、インターネットにまつわる雑多な仕事を請け負う企業がかなり存在した。広い意味でのインターネット関連企業において、必ずしもコンテンツの制作や開発というカテゴリーではまとめきれない仕事をする人々は、地方圏一般に存在するものと思われる。

　以上のように、東京都区部のインターネット関連企業と九州のそれを比較した結果、設立年次や従業員数に若干の違いはあるものの、企業やその従業員の属性に見られる基本的な特徴は似通っていた。ただし、還流移動者が一定の割合を占めることは、地方圏に特有の事象であり、九州のインターネット関連企業従業員の特性を明らかにする上で注目すべき点である。九州の対象者のうち、還流移動者は全体の20.3%にとどまるが、35歳以上の対象者では40%程度に達する。

　地方圏で誕生したインターネット関連産業は、出身地に根差したライフコースを送りたいと願う者たちにとって、貴重な就業機会となりうる可能性をはらんでいる。しかしそうした可能性がどの程度期待できるものなのかを見極めるためには、雇用の量的な側面だけでなく[8]、どのような属性を持つ者が実際に

地方圏のインターネット関連産業に従事しており、どの程度の賃金を受け取っているのかといった、雇用の質的側面を明らかにする必要がある。ところがインターネット関連産業については、一部のネット企業の起業家やエリート的な技術者の経歴がエピソード的に語られることは多いが、一般の従業者の属性や経歴が明らかにされた例はほとんどない。そこで本章では、九州におけるインターネット関連企業従業員の職業キャリアと年収を分析することを通じ、地方圏のインターネット関連産業が生み出す雇用の質的側面の一端を明らかにする。

4. 九州のインターネット関連企業従業員の職業キャリアと年収

　表VI-2は対象者が学卒直後に就いた業種や企業規模を地元定着者と還流移動者に分けて示している。還流移動者では、学卒直後に情報サービス産業やコンピュータメーカーなど、広い意味での情報関連産業に勤務していた者が27人中15人に上る。一方、転職経験のある地元定着者では、還流移動者に比べて学卒直後に情報サービス産業やコンピュータメーカーに勤務していた者が若干少ない。地元定着者では転職経験のない者が40.1％（86人中35人）存在する。彼／彼女らの大半（35人中32人）は35歳以下であり、現在プログラマー、システムエンジニア、コンテンツ制作などの技術的な職に就いている者が多い（35人中22人）。バブル経済崩壊後のいわゆる「就職氷河期」に地元の中小情報サービス企業に入社した者たちは、地方圏における情報サービス産業誕生を支えた人材の主要な一群をなし、その後のインターネット関連企業の地方圏展開にも寄与してきたといえる。

　次に学卒直後に就職した企業の従業員規模を見ると、地元定着者では70.9％が従業員100人以下の企業に就職しているのに対し、還流移動者では3分の2が100人以上の企業に就職し、1,000人以上の企業に就職した者も8人いる。地元定着者と還流移動者の学歴を比較すると、還流移動者では地元定着者に比べて高卒者が少なく、専門学校を卒業した者が40％程度を占める。大卒者の

比率は還流移動者が38.7%、地元定着者が34.3%と同程度であるが、還流移動者では12人中7人が理工系であるのに対し、地元定着者では文科系のほうが多い。ただし、地元定着者でも転職経験がない者の学歴構成は、35人中8人が理工系大卒者、8名が専門学校卒業者であり、還流移動者に近い。

続いて転職経験者の職種の変化を見ることによって、地元定着者と還流移動者の職業キャリアを比較する（表Ⅵ-3）。ここでは学卒直後に従事していた職種と現在の職種の対応関係を示しているため、ある個人が経験した職種をすべて検討できるわけではないが、職業キャリアの概要を描くことは可能である。職種の区分が細かく、傾向が見いだしにくいため、表Ⅵ-3では職種を「PG・SE」[9]（①、②）、「その他の情報技術者」（③、④、⑤、⑥）、「情報技術者以外」（⑦、⑧、⑨）に大別している。

表Ⅵ-2　九州のインターネット関連企業従業員が学卒直後に就いた職

（単位：人）

		地元定着者 (86人)	還流移動者 (27人)
業種	情報サービス産業	14	11
	その他のサービス産業	11	3
	コンピュータメーカー	4	4
	その他の製造業	6	7
	上記以外の業種	15	0
	不明	1	1
	転職経験なし	35	1
企業規模	100人未満	61	3
	100人以上1,000人未満	12	10
	1,000人以上	4	8
	不明	9	6
最終学歴	高校	22	3
	専門学校	20	10
	短大・高専	9	2
	大学（理工系）	12	7
	大学（文科系）	18	5
	大学院	3	0
	不明	2	0
職種	転職経験あり*	51	26
	転職経験なし（現職）		
	プログラマー	5	
	システムエンジニア	9	1
	コンサルタント	0	
	カスタマーエンジニア	2	
	セールスエンジニア	2	
	ネットワークエンジニア	4	
	コンテンツ制作	7	
	管理的職業	2	
	経営者	0	
	その他	4	

＊学卒後の職種については表Ⅵ-4を参照。
注）　初就職地域不明20人。
資料：アンケート調査により作成。

まず転職経験者が学卒直後に就いた職を見ると、地元定着者では過半数が「その他」のカテゴリーであったことがわかる。これは表Ⅵ-2において、学卒直後の時点で情報関連産業と関連の薄い業種に属していた地元定着者が多かっ

表VI-3　転職経験者の学卒直後の職種と現在の職種

(単位：人)

学卒直後の職種↓	現在の職種												
	地元定着者						還流移動者					
	PG・SE ①②	その他の情報技術者 ③④⑤⑥	情報技術者以外 ⑦⑧⑨	不明	計		PG・SE ①②	その他の情報技術者 ③④⑤⑥	情報技術者以外 ⑦⑧⑨	不明	計
①	1　1				2		1	2			3
②	3	1	1		5		1　5				8
③	1	1　1　1	1　1		6		1	1			2
④	1				1			1			1
⑤		1　3			4						0
⑥		1			1						0
⑦					0						0
⑧	2　5	5　1	2　6　6	1	28		3	1　1	1　1　2		9
不明		3	1		4		1		2		3
計	4　10	2　2　12　2	2　7　9	1	51		1　10	3　1　1　2	2　1　5	0	26

注）①プログラマー、②システムエンジニア、③セールスエンジニア、④ネットワークエンジニア、⑤コンテンツ制作、⑥コンサルタント、⑦管理的職業、⑧その他、⑨経営者を示す。
資料：アンケート調査により作成。

たことに対応している。しかし彼／彼女らの約半数は、現在では「PG・SE」あるいは「その他の情報技術者」の職に就いている。また地元定着者では、「その他の情報技術者」の範疇の中での職種の変化が比較的多く見られ、こうした職種の変化がほとんど見られない還流移動者と対照的である。

　還流移動者の学卒直後の職種を見ると、「PG・SE」の職にあった者が最も多く、「その他の技術者」の者はわずかである。その後の転職を通じて「PG・SE」や「技術者以外」から「その他の技術者」へ移ってくる還流移動者はあまり見られないため、現在「その他の情報技術者」の職に就いている還流移動者は7人と少なく、特にコンテンツ制作に従事するものは1人しかいない。これに対して地元定着者では、現在の職種が「その他の情報技術者」である者18人のうち、コンテンツ制作に従事している者が12人に上る。地元定着者では学卒直後の時点から「その他の情報技術者」の職にある者が多いが、この時点ではコンテンツ制作は4人にとどまっている。このことはコンテンツ制作がインターネット

関連産業の登場と同時に成長してきた新しい職種であることと関連している。

　還流移動者と地元定着者の比較の観点から、職業キャリアの分析をまとめよう。還流移動者は、大学の理工系学部や専門学校を卒業し、情報技術者として相対的に規模の大きな企業に就職し、インターネット関連企業に転職した後もシステムエンジニアなどの職にある者が相対的に多い。地元定着者については、転職経験によって対象者の属性に差異が見られた。転職経験者には高卒者や文科系大卒者が多く、もともと情報関連産業とは関連の薄い職に就いていたが、現在ではコンテンツ制作などインターネット登場以後に生まれた新しい職種に従事する者が特徴的に見られる。これに対して、転職を経験していない地元定着者の属性は、還流移動者に似通っている。このように地方圏のインターネット関連企業の従事者は、職業キャリアの異なる人々から構成されている。

　職業キャリアは雇用の質的側面のうち、仕事の内容を反映するものであるが、以下では雇用の質的側面のうち、仕事の報酬である賃金を還流移動者と地元定着者の間で比較する（図VI-7）。ここでは職種をさらに集約し、「PG・SE」と「その他の情報技術者」を情報技術者とした。なお経営者は、年収の意味合いが従業員のそれと性質が異なるため除外している。現職が経営者である者を除いた対象者（男性）の平均年収は414.9万円で、彼らの平均年齢は33.8歳である。また、情報技術者に限ると平均年収は414.2万円、平均年齢は34.7歳となる。年収が600万円を超えている者は、男性でも14人にとどまっており、地方圏において従業員としてインターネット関連産業に携わっている限りにおいては、一般に高い賃金は期待できないことがわかる。

　年齢と年収の関係を見ると、地元定着の情報技術者では、年齢が高くなるほど年収が上昇する傾向が観察される。年齢とともに年収が増加する傾向は、管理や事務といった情報技術者以外の職でも認められる。これに対して還流移動を経験した情報技術者ではこれが不明瞭である。還流移動者には理工系の高等教育を受けた者が多く、還流移動以前から情報技術者の職にある場合が多いが、そのことは必ずしも年収の高さにはつながっていないのである。

　女性については還流移動者が3人にとどまっているため、地元定着者と還流移動者を分けずに示した。サンプルが30歳代前半までに偏っていることは、

　　　　　　a）男性　　　　　　　　　　　b）女性

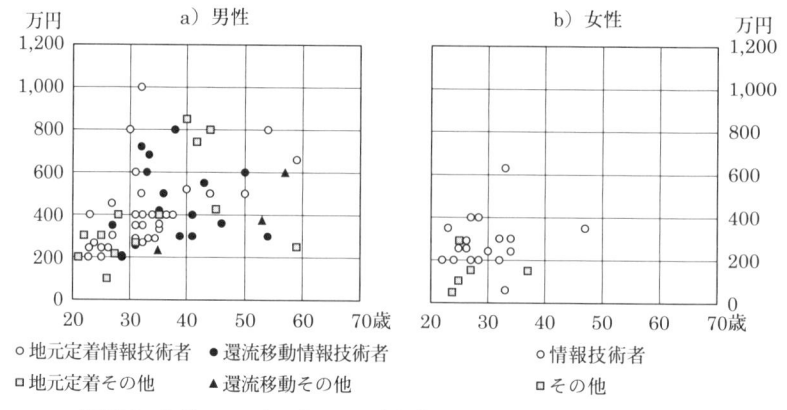

図Ⅵ-7　九州のインターネット関連企業従業員のキャリアと年収との関係
資料：アンケート調査により作成。

○地元定着情報技術者　●還流移動情報技術者
□地元定着その他　　　▲還流移動その他
○情報技術者
□その他

インターネット関連産業においても結婚や出産を機に労働市場から退出してしまう女性が多いことを示している。このため、年齢と賃金の関係は不明瞭であるが、男性に比べて低賃金であることは間違いない[10]。

5. 小　括

　本章では、東京都区部における調査との比較を踏まえつつ、九州におけるインターネット関連産業の実態を、特に同産業で働く人々の職業キャリアに焦点を当てて分析した。
　東京都区部と九州のインターネット関連企業の特徴と従業員の属性を比較したところ、企業の設立時期や企業規模、従業員の年齢構成などに若干の差異が認められるものの、両者は大枠では似通っていた。九州のインターネット関連企業の従業員を地元定着者と還流移動者に分けて比較すると、その典型的な属性や職業キャリア、賃金には差異が見られた。還流移動者は学歴が地元定着者に比べて高い傾向にあり、還流移動以前には相対的に規模の大きな情報関連企業でシステムエンジニアやプログラマーの職に就き、今もこれらの職に就い

ている者が多い。地元定着者のうち転職を行った者は、インターネット関連産業とは関連性の薄い仕事からインターネット関連産業に移り、現在はコンテンツ制作などインターネット関連産業特有の職種に従事する者が比較的多い。地元定着者でも、転職経験がない者の属性や職業キャリアは還流移動者に類似する。

　九州のインターネット関連産業従事者の年収は、平均400万円強であり、決して高いとは言えない。年齢と年収の関係を見ると、地元定着者では加齢とともに年収が上昇する傾向が見られるが、還流移動者ではこの傾向が不明瞭である。還流移動者には、情報技術者としてのキャリアを積んできた者が多いのであるが、必ずしもそれは賃金面での評価にはつながっていないのである。

　本章で明らかにされたように、地方圏のインターネット関連産業従事者の属性は多様である。彼／彼女らの職業キャリアからは、Ⅳ章の製造業の研究開発技術者やⅤ章のソフトウェア産業の技術者ほどの定まったパターンは見いだせない。産業として未完成な分だけ、インターネット関連産業は求職者にとって間口が広く、地元で働きたいという希望を持つ者が前歴に縛られずに職を得られる可能性が開かれている。その反面、賃金面での待遇の悪さは否めない。九州のインターネット関連企業で働く情報技術者の年収水準は、Ⅴ章で分析したソフトウェア産業の平均481.2万円と比べても、かなり低い水準にある。特に大都市圏のソフトウェア企業等でシステムエンジニアやプログラマーをしていた還流移動者の中には、還流移動がかなり大幅な賃金ダウンにつながることもあったはずである。地方圏のインターネット関連産業における就業機会は、アクセスしやすい分だけその果実は小さくなりがちであるといえる。対象者の転職が活発であったことは、よりよい条件を求めていくつもの職場を渡り歩く者の存在を示しているが、地方圏のインターネット関連産業で得られる就業機会のほとんどは、巷間でイメージされているIT産業の華やかさと引き比べるときわめて地味なものである。

　一方で本章の分析は、地方圏出身者の中には、たとえ賃金水準は低くても、地元で生活したい、あるいは地元に帰って生活したいと願い、それを実現している者が存在することを示している。対象者の平均年収が400万円強であるこ

とは客観的な事実であるが、これを低いと見るかどうかは主観の領域に属する。出身地に根差したライフコースを望む者にとっては、「自らの地域で生活し労働する」ことの実現が最重要であり、賃金の多寡はあくまで付加的な条件に過ぎないのかもしれない。また、出身地で生活することを前提として、年収のいかんに関わらずインターネット関連産業に身を置くことに価値を見いだしている者もいるであろう。

とはいえ、賃金が低いことに納得できたとしても、その収入が安定して確保できるものでなければ持続的に生活を送ることはできない。インターネット関連産業が産業としての地歩を固めてゆくためには、淘汰のプロセスは避けて通れない。九州のインターネット関連企業にはきわめて小規模な企業が多いため、倒産や業績の悪化によって、従業員が意に反する離転職を余儀なくされることも考えられる。地方圏のインターネット関連産業は、多様な経歴を持つ人々を受け入れる包容力を持っている半面、その従業員のライフコースは不確実性とともにある。そのことは、十分に認識しておく必要がある。

注
1）　なお東京圏のデータは、Arai et al（2004）で使用されたものである。
2）　冊子で国土交通省国土計画局大都市圏計画課編（2001、2002）が公開されているほか、国土交通省のウェブサイトでも調査結果が公表されている。
3）　以下では、NTT情報開発株式会社「店態観測」のデータを使用する。これは、NTTタウンページを業種別、地域別に集計したデータベースである。
4）　面積は全国都道府県市町村別面積調、人口は住民基本台帳人口要覧、域内総生産は、県民経済計算による。
5）　九州の対象企業のうち、1980年代に設立されたものは14社であり、うち6社は子会社・関連会社として設立されている。なお、九州の対象企業の中で子会社・関連会社として設立されたものの総数は9社である。このことからも、この時期のソフトウェア産業の地方圏展開と現在のインターネット関連産業との間に一定の連続性があることが示唆される。
6）　アンケート調査では、出身地を「おおむね高校卒業時に住んでいたところ」と定義して回答を求めた。
7）　東京都区部の調査では、インターネット関連の業界内に限ってこれまでに勤務した企業数を尋ねている。
8）　事業所・企業統計によれば、2004年の「インターネット付随サービス」従事者数は、全

国で 2 万 4,238 人である。しかしすでに述べたように、事業所・企業統計はインターネット関連産業を相当程度過小評価していると考えられる。インターネット関連産業が生み出す雇用を量的に把握することは、信頼すべきデータがないために今のところは難しいが、統計が整備され、近い将来に可能となることを期待したい。

9) プログラマー・システムエンジニアの略である。
10) ただし年収 100 万円を下回る対象者は、家族従業員でない限り、非正規雇用である可能性が高いと考えられる。

VII

地方都市におけるインターネット関連産業とその経営者
――大分県の事例――

1. はじめに

　VI章では、九州においてインターネット関連企業に従事する人々の属性や職業キャリア、賃金水準などを明らかにしてきた。地方圏のインターネット関連産業は、還流移動者を含め、多様な属性や前歴を持つ人々を取り込んでいる。その量的な貢献度を評価することは難しいにせよ、インターネット関連産業は出身地に根差したライフコースを送りたいと願う人々に一定の就業機会を与えてきたといえる。その一方で、インターネット関連産業の提供する就業機会は、賃金が低水準であることや、きわめて小規模の企業が多いため雇用の安定性に不安が残ることなど、そこで働く者のライフコースを不安定化させる要素をはらんでいる。

　VI章の対象者は、地方圏に立地するインターネット関連企業の従業員であった。しかしインターネット関連産業で働くための方途は、雇われて働くことだけではない。事業内容にもよるが、多くの場合インターネット関連企業を立ち上げるために、高額な設備やきちんとしたオフィスは不要である。後述するように、本章の対象者であるインターネット関連企業の経営者についても、創業時は自宅を主な仕事場としていた者の方がむしろ多いくらいであった。産業としての成熟度が低く、しかも企業のイニシャル・コストが抑えられるインターネット関連産業では、自ら起業するというライフコース上の選択肢にも十分な実現可能性がある。雇用条件に不満を覚えたり、出身地に思うような就業機会が見当たらなかったりした者たちの中には、いっそのこと自分で起業してしま

おうと決断する者もいるだろう。そうした者が大都市圏のみならず地方圏にも存在したからこそ、インターネット関連企業は地方圏にも早い段階で立地が進んできたのである。

本章の目的は、大分県におけるインターネット関連企業の経営者に対するインテンシブな聞き取り調査に基づき、彼／彼女らの属性や経歴を明らかにするとともに、彼／彼女らがなぜ起業する道を選んだのか、そしてこれからの経営方針がいかなるものなのかを明らかにすることである。

経済地理学においては、新たな産業・企業の誕生や成長の多くが集積内で起こっていることに注目し、専門的な労働市場の存在（スコット 1996）、専門知識の蓄積（Malmberg 1996; Cooke and Morgan 1993）、特定の産業に適した文化的風土の存在（Saxenian 1994）など、集積が具備する特性によって産業の競争力や成長性を説明しようとする傾向が強い。インターネット関連産業についても、集積内部における資金調達のしやすさや人脈の作りやすさが集積内の企業に優位性をもたらしていることを明らかにした Zook（2005）などがすでに得られている。しかし実際には、さまざまな立地点を比較考量し、最も優位性の高い地域を選択した上で起業する（あるいはそれができる）経営者は限られている。

イングランド南東部における事業所サービス業の誕生プロセスを分析した Coe and Townsend（1998）は、今述べたような趣旨で従来の経済地理学的研究が集積を過大に評価してきたことを批判している。また、Haug（1991）は、情報サービス企業が起業する地域を決定するに当たり、経営者の自宅に近いことや経営者の出身地であることを重視していることを明らかにした。日本でも吉井・岩本（1992）が、地方圏の情報サービス企業の経営者はほとんどが地元の出身者であり、多くは東京大都市圏の大企業の情報処理部門からの還流移動者や地元の情報サービス産業からスピンアウトした者によって占められていると報告している。

大都市圏のような大規模な集積が見られない地方圏において、インターネット関連企業が誕生する要因を探るに当たっては、そこに立地することによって得られる経済的なメリットに焦点を合わせても明確な答えは期待できない。

Haug（1991）や吉井・岩本（1992）を参考にすれば、その地域で起業することの意味を、経営者のライフコースに即して理解することに努めた方が実り多いと予想される。

　筆者らは、かつてこうした問題意識に立脚して、アンケート調査に基づいて東北・北海道におけるインターネット関連企業の経営者の属性や経歴に関する分析を行った（中澤・荒井、2004）。その結果、経営者の移動経歴（還流移動者か地元定着者かなど）によって、起業時やその後の経営のあり方がさまざまな点で異なることが示唆された。たとえば、他地域出身の経営者は、創業時の資金が相対的に多く、自宅以外のオフィスで起業した割合や、右腕となる社員のいる割合が高い。これに対して還流移動者は、十分な創業資金が得られないまま自宅で起業する例が多く、右腕となる社員を欠く企業も多い。筆者らは、経営者の移動経歴によって起業やその後の経営に関わる行動に違いが見られる理由について、還流移動者や地元定着者の経営者の中には、自分の出身地で暮らすことが第一義的に重要で、それを実現するための一手段として、自ら創業する途を選んだ者がいるからではないかと推測した（中澤・荒井 2004）。しかしこの研究では、経営者がいかなる意図を持って起業をし、どのような経営方針を持っているのかを直接的には検証していない。本章ではその反省に立ち、地方圏においてインターネット関連企業を起業しそれを経営してゆくことの意味を、経営者自身のライフコースに即して理解することを目指す。

　本章では、筆者が大分県において行ったインテンシブな聞き取り調査に基づいて分析を進める。聞き取り調査は2004年8月から11月にかけて大分県内全域に立地するインターネット関連企業35社を訪問して実施した。聞き取りの時間は1時間から1時間30分程度であり、基本的にその企業の経営者に対して行った。また、県庁の関連部署担当者やインキュベーション施設のインキュベーションマネジャー、インターネット関連企業の組織の理事等に対しても同様の調査を行った。

2. 大分県におけるインターネット関連企業の経営

(1) 対象企業の属性とインキュベーション施設iプラザ

　インタビュー調査の対象となった大分県内のインターネット関連企業の概要は、表Ⅶ-1に示す通りである。このうち、創業年、従業員規模、オフィスの形態について集計したのが表Ⅶ-2である。対象企業のうち大分市に立地する企業は22社である。大分市以外では、別府市が4社、中津市が3社、佐伯市が3社であり、その他の市町村に立地するものが3社であった[1]。大分市内に立地する企業について、立地状況を把握しておこう（図Ⅶ-1）。大分市内では、大分駅の北西側に比較的多くの企業が立地している。この付近は、大分市の中心業務地区と重なり、オフィスビルの供給も多い地域である。しかしそこへの集積はさほど著しいものではなく、郊外に立地する企業も多い。駅からの近接性もさほど重視されているようには見えない。後に述べるように、インターネット関連産業では、顧客や同業者との対面接触がきわめて重要である。しかし大分市を含めた地方都市では、公共交通機関の利便性が低いため、多くの事業所は自動車の利用を前提としている。したがって、アクセシビリティを重視した立地が必ずしも駅周辺への立地と結びつかないのである。

　対象企業には誕生して間もない企業が多く、20社は1995年以降に設立されており、うち12社は2000年以降の設立である。一方で、1990年前半の時点ですでに設立されていた企業も一定数存在する。その多くは、印刷業から展開したID23、26、31のように、既存の企業が新規事業としてインターネット関連産業に進出したものである。Ⅵ章の対象企業（九州に立地するインターネット関連企業）でも、インターネット元年と言われる1994年以前に誕生した企業は41.7％であり、本章の調査対象とほぼ一致する[2]。

　新規に創業された企業のほとんどは、経営者が自己資金で起業したものであり、資本金は1,000万円かそれ以下が多い。小長谷・富沢編著（1999）やZook（2005）では、インターネット関連産業が集積する要因として、ベンチャーキャピタルやエンジェルと呼ばれる投資家が存在し、資金調達がしやす

表Ⅶ-1 対象企業の概要

ID	創業	立地	オフィスの形態	従業員数	業務内容	事業内容	起業経緯
1	1989	大分市	賃貸オフィス	18	移動体管理、ASP、ソフトウェア開発	B	地場企業でSEをしていた現社長が、システム開発部の人員や営業権の譲渡を受けて独立。
2	2001	大分市	自社屋	7	データエントリー、関連ソフトウェア開発	B	大手ソフト会社でSEをしていた現社長が、立ち消えになったプロジェクトを引き継いで妻の出身地で創業。
3	1994	大分市	賃貸店舗	12	ホームページ制作、プロバイダ代理店、通信機・携帯電話販売	C	ICの設計をしていた現社長が、Uターンして創業。通信機・OA機器の販売からインターネット関連事業に進出。
4	2000	大分市	自宅	1	ホームページ制作、システム開発	C	インターネット関連の営業をしていたが、個人事業として創業。
5	1996	大分市	賃貸マンション	1	ホームページ制作、データベース運用、デザイン	A	印刷会社で製版工をしていたが、製版の仕事が下火になるのを感じて個人事業として創業。
6	2001	大分市	賃貸マンション	4	ポータルサイト運営、ホームページ制作	A	印刷・広告代理店が既存のポータルサイトの運営を引き継ぐ形で分社化。
7	2002	大分市	賃貸店舗	2	ホームページ制作、パソコン教室、英会話教室	C	アメリカで情報科学を修めた現社長が、帰国後大手企業の契約社員（SE）などを経て、英会話学校と併設で創業。
8	1966	大分市	自社屋	18	システム商品の代理店、事務用通信機・携帯電話販売	C	もともと電話加入権や事務用通信機の販売をしており、次第にインターネットを使ったシステム商品の比重が高まる。
9	1990	大分市	自社屋	4	ソフトウェア開発、ホームページ制作、イベント運営、コンサル	B	印刷・広告代理店がイベント運営会社として分社化。インターネットを利用したシステム商品の開発やコンサルも手がける。
10	1997	大分市	賃貸店舗	7	パソコン教室、法人向けメンテナンス	C	大手ソフト会社でSEをしていた現社長が、転勤で大分に帰ってきてから創業。
11	2003	大分市	自社屋	4	システム開発、同業組合運営、不動産	B	不動産業をしていたが、大手ソフト会社でSEをしていた現幹部社員のUターンなどにより当該事業に進出。
12	1997	大分市	賃貸オフィス	3	ASP、サーバホスティング、ソフトウェア開発	B	地元で大手ソフト会社のSEをしていた現社長が創業。
13	2003	大分市	賃貸オフィス	4	データエントリー	B	運送会社の新しい経営の柱として分社化。
14	2000	大分市	賃貸店舗		ホームページ制作、サーバホスティング、プロバイダ代理店	A	自動車の営業をしていた現社長が創業し、そこに技術系の兄が加わって共同経営。
15	1981	大分市	賃貸マンション	5	プロバイダ、サーバ代理店、ホームページ作成、通信機販売	C	業務用通信機の販売をしていたが、顧客からの要望などがあり、当該事業に進出。
16	1995	大分市	賃貸店舗	2	ホームページ制作	A	写真家になる夢を捨てて帰郷後、自動車の営業をしていた現社長が創業。

Ⅶ 地方都市におけるインターネット関連産業とその経営者——大分県の事例—— 141

表Ⅶ-1 対象企業の概要（つづき）

17	1989	大分市	賃貸店舗	6	コンクリート製品販売会社向けのものを中心に、ソフトウェア開発、ホームページ制作	B	コンクリート製品販売会社がソフトウェア関連子会社として設立。
18	2000	大分市	賃貸オフィス	37	システム開発、人材派遣	B	大手企業システム部門でSEをしていた現社長が、転職先の会社の一部門を分社化して独立。
19	2002	大分市	賃貸オフィス	1	ホームページ制作、サーバホスティング	A	初期からウェブデザインをしていた現社長が、妻の出身地に転居するとともに創業。
20	1998	大分市	賃貸オフィス	1	システム開発およびそのツールの開発	B	地元で大手ソフト会社のSEをしていた現社長が創業。
21	不明	大分市	自社屋	16	システム開発	B	地場建設会社システム部門でSEをしていた現社長が既存のソフト会社を引き継ぐ。本社は福岡。
22	1988	大分市	自社屋	6	システム開発	B	地場卸売電算部門が独立。
23	1972	大分市以外	自社屋	17	ホームページ制作、パッケージソフト開発、印刷	A	現社長が紙媒体の印刷会社を引き継ぎ、ホームページ制作やパッケージソフト開発にも進出。
24	2002	大分市以外	自宅	1	結婚仲介業、ホームページ制作	C	運送会社に勤めていた現社長が結婚仲介業として創業し、ホームページ制作なども手がける。
25	2002	大分市以外	賃貸店舗	1	ホームページ制作、プロバイダ代理店、輸入雑貨販売	C	NTTの技術営業をしていたが、個人事業として創業。輸入雑貨と並行して営業。
26	1967	大分市以外	自社屋	9	ホームページ制作、印刷	A	紙媒体の印刷会社がホームページ制作にも進出。
27	1999	大分市以外	賃貸店舗	3	ネットカフェ経営、ポータルサイト運営	A	自営業を継いだ現社長がインターネットによる地域情報発信のため、半ばボランティア的に始める。
28	1932	大分市以外	自社屋	6	ホームページ制作、システム開発、パソコン教室、文具販売	C	文具店がパソコン販売と共に、技術相談、パソコン教室、システム開発なども行っている。
29	2002	大分市以外	自宅	2	各種代理店	C	学習塾の経営をしている夫婦がプロバイダーの代理店から事業を拡大。
30	1909	大分市以外	自社屋	9	ホームページ制作、サーバホスティング、醤油醸造	A	老舗の醤油製造業者の社長が半ば趣味として始める。
31	1958	大分市以外	自社屋	17	ホームページ制作、印刷	A	紙媒体の印刷会社がホームページ制作にも進出。
32	2000	大分市以外	賃貸店舗	1	ホームページ制作、パソコン教室、各種代理店	A	大手ソフト会社のSEをしていた現社長が転勤先の大分で創業。
33	2001	大分市以外	自社屋	2	システム開発、パソコン教室	B	NTTのネットワーク保守などをしていた現社長が個人事業として創業。
34	1998	大分市以外	賃貸店舗	5	システム開発、ホームページ制作、パソコン教室	C	電子系の大学を出た現社長がパソコンの修理から始め、実家の卸売店と並行して経営。
35	不明	大分市以外	自宅	1	パソコンインストラクター	C	事務用品販売会社でパソコンの営業を担当していたが、個人事業として創業。

事業内容分類　A：コンテンツ制作、B：ソフトウェア開発、C：インターネット関連サービス。
資料：聞き取り調査により作成。

表Ⅶ-2 対象企業の属性

(単位：社)

創業年		従業員規模		オフィスの形態	
1980年以前	6	1人	8	自社屋	12
1980年代	4	2～5人	13	賃貸オフィス*	6
1990年代前半	2	6～9人	7	賃貸店舗	10
1990年代後半	7	10人以上	7	賃貸マンション	3
2000年代	14			自宅	4
不明	2				
合計	35	合計	35	合計	35

＊インキュベーション施設iプラザ入居企業を含む。
資料：聞き取り調査により作成。

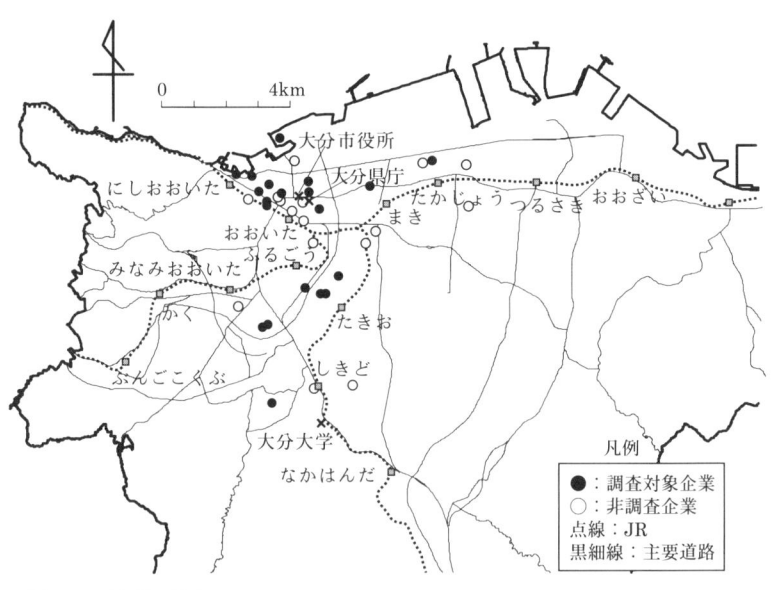

注）2005年8月の時点。

図Ⅶ-1 大分市内のインターネット関連企業
資料：NTTタウンページ、現地調査により作成。

い地域であることが挙げられている。大分県には、地銀系のベンチャーキャピタルである「大分ベンチャーキャピタル」が存在し、地場のベンチャー企業の育成支援を謳ったファンドを運用している。しかし、本章の対象企業のうち、大分ベンチャーキャピタルが株主となっているのは、わずか2社である。その2社は、いずれも後述するインキュベーション施設「iプラザ」にかつて入居していた企業である。

　対象企業には従業員が数人のきわめて小規模なものが多く、ほとんどの企業は従業員数が10人以下である。中には代表者1人で経営している企業もある。普通のオフィスビルにテナントとして入居している企業はきわめて少なく、個人事業やそれに近い形では、自宅やマンションの一室をオフィス代わりにしている場合も珍しくない。現在では個人事業的なステージを脱している企業であっても、元は自宅で起業したという方が多いくらいであった。また、個人を主な顧客としている企業では、路面の店舗をオフィスに転用している場合もある。表Ⅶ-1でオフィスの形態が賃貸店舗となっているものが、ほぼそれに該当する。逆に従業員数が10人以上おり、かつ自社屋を持っている企業は、多くがインターネット普及以前から存在する企業である。

　一般的なオフィスビルに入居する企業がきわめて少ないのは、それが小規模なインターネット関連企業には広すぎ、賃料も高すぎるからである。そのことは、大分市内におけるインターネット関連企業の立地が分散的であったこととも関連づけられる。こうした状況にあって、大分県の創業支援施設であるiプラザは貴重な存在となっている。iプラザとは、情報関連産業を主な対象とする大分県のインキュベーション施設である。当施設は「豊の国テクノポリス」の拠点として1984年に整備された「大分県ソフトパーク」内に、2001年10月に設置された。大分駅から徒歩15分の立地条件であり、中心業務地区にも近い。iプラザにはオフィスビルの一角を区切る形で部屋が用意され、調査時点では7室すべてが入居済みであった[3]。入居期間には最長3年間という制限があるが、使用料は無料であり、共益費も1年目は無料、2年目は1/2という軽微な負担で入居できる[4]。

　対象企業のうち、調査時点でiプラザに入居していたか、過去に入居してい

表Ⅶ-3 ｉプラザへの入居を経験した企業経営者による入居のメリット

ID	
ID 1	ｉプラザに入ったことは、特に県内の企業と商談をするときに、信用面で大きかった。
ID 2	会社を作って早期の営業では、氏素性がはっきりしているという点で、ｉプラザの企業であることの信用が役に立った。
ID 12	マンションの一室に居たままだったら、下請けから脱出できなかったのではないかと感じる。賃料が安いということ以外に、経理や法律のレクチャーをしてくれた。エンジニア出身なので助かった。顧客の中には、「ｉプラザにいる企業なら大丈夫だと思った」、といって契約してくれた人もいる。
ID 18	ｉプラザ内での人脈作りなど、ここに入ってきたことのメリットは大きい。対外的な信用が増す。
ID 19	同業者と知り合う機会はなかなかなかった。ｉプラザに入ったことによって、新聞にも取り上げてもらい、自分がコントロールできないほどの仕事が舞い込むようになった。以前は1日にしなければならない仕事が1つか2つであったが、今は多い日では10個以上の課題がカレンダーに並ぶようになった。
ID 20	産業創造機構から、大分県の企業の仕事を紹介してもらった。県の機関からの紹介だと、商談も進めやすい。また、県が紹介してくれる企業は優良企業で、そういうところの仕事をやっていると、信用もついてくる。ｉプラザを出て行かなければならないのは残念。しかし県にはいいところまでの足がかりを作ってもらった。あとはこれまでの実績が支えてくれるだろうと思っている。ここを出たということも、経歴としては残る。

注) IDは表Ⅶ-1に対応している。
資料：聞き取り調査により作成。

た経験がある企業は6社である。ｉプラザに入居することの利点は、賃料の低廉さのみにとどまらない（表Ⅶ-3）。ｉプラザに隣接する大分県産業創造機構には、インキュベーション・マネジャー（IM）が常駐しており、入居企業は経営相談を随時受けることができる。経営者の中には、技術者出身であることなどから、企業経営に関する知識をあまり持たない者もいる。そうした経営者にとっては、IMのアドバイスを随時得られることはきわめて心強い。また、産業創造機構は、入居企業を潜在的顧客にPRするためのイベントや地元企業経営者同士の交流会などを頻繁に企画し、各種展示会では出店ブースを確保するなど、ｉプラザ入居企業の成長を後押ししている。

ｉプラザに入居するためには、県による審査に合格しなければならない。県による審査を経て、県のインキュベーション施設に入っていることによる対外

的信用は、ｉプラザが入居企業にもたらす無形のメリットである。この点は、ｉプラザへの入居を経験した企業経営者のほとんどが口にする。零細でこれまでの実績が無く、しかも具体的に「モノ」として提示できる商品を持たない駆け出しのインターネット関連企業にとって、ｉプラザに入居していることが裏書きしてくれる対外的な信用は得難いものである。対象企業のうち、大分ベンチャーキャピタルの出資を受けている2社が、いずれもｉプラザに入居した経験を持っていることも、この傍証となろう。

現在入居している企業も含め、調査時点までに延べ13社がｉプラザへの入居を経験している。すでにｉプラザを巣立った企業は、おおむね成長への足がかりをつかんでおり、廃業した事例はない。ある経営者は、自身はｉプラザに入居した経験を持たないが、「ｉプラザは、今後出世ビルという位置づけになるだろう」(ID21) と述べた[5]。こうした感覚は、聞き取りをした経営者に共通していた。「出世ビル」という位置づけを勝ち取ることができるか否かについては、今後の動向を見守る必要があるが、インキュベーション施設としてｉプラザが存在することの意義は評価できる。

(2) インターネット関連企業の業務

一口にインターネット関連企業といっても、その業務内容は多岐にわたる。ここではScott (1998、2000) やArai et al (2004) を参考に、対象企業の業務内容を、コンテンツ制作、ソフトウェア開発、インターネット関連サービスの3つに分類する。

コンテンツ制作 (11社) は、顧客の求めに応じてウェブサイトの制作や管理を行ったり、地域情報を収集し、それを発信するポータルサイトを運営したりするなど、デジタル・コンテンツの制作と運用を主たる業務としているグループである。こうした企業の特徴として、印刷会社、広告代理店などからの多角化や、それらの業界経験者が設立した企業が多いことが挙げられる。印刷会社や広告代理店は、最終的な生産物が紙媒体の印刷物など、いわばアナログ・コンテンツであることが多い。しかし、その制作プロセスにおいてはMacintoshを使ったデザインやDTPの導入など、インターネットの普及に先

んじてデジタル化が進んでいた。そのため、コンテンツの媒体が紙からインターネットに転換するにあたっても、比較的円滑な対応が可能であった[6]。

　広告代理店はもちろんのこと、印刷会社もまた、単に顧客に依頼されたチラシや会社案内を印刷するだけではなく、商品のキャッチコピーや写真のレイアウト、デザインなど、印刷物のコンテンツを制作するプロセスにも関わってきた。それを通じて、印刷会社や広告代理店は、顧客との信頼関係を築き上げ、顧客の持っている商材を熟知するようになる。ID26の経営者は、「ホームページも印刷物と同様に、顧客の商売繁盛の1つの道具として考えている」と述べた。そして自社の事業を、「あくまでメインは客の繁盛の手伝いをすることであり、見込み客からトライアル客、そしてリピーターへという手伝いをする」ことだと認識し、ウェブサイト制作の仕事でもコンサルティングに力を入れているという。

　印刷会社や広告代理店からコンテンツ制作に進出した企業にとって、デジタル・コンテンツ制作の顧客は、ほとんどが紙媒体の時代からの顧客である。ID23の経営者は、「顧客に、『新たな出費を』とはなかなか言えないので、年間の広告費のうち、チラシを打つのを1回分削って、まずはウェブサイトを作ってみないかと勧めている」という。逆に顧客の側から申し出があり、ウェブサイト制作を受注する場合もある。いずれにせよ、実際にウェブサイトを制作する際には、デジタル情報としてあらかじめ蓄えられている顧客企業のロゴや商品などの写真、コピーや会社概要に関するテキストなどを活用することができる。

　ソフトウェア開発は、文字通り事業所向けのソフトウェア開発を主たる業務とするグループである。いまやソフトウェアの開発には、インターネット技術が不可欠である。対象企業が開発したソフトウェアも、その多くはインターネットが存在して初めて機能するものである。日本のソフトウェア産業の特徴として、受注ソフトの比重が大きく、パッケージソフトが発達していないことがしばしば挙げられる（岩本・吉井1998ほか）。しかし対象企業には、開発したソフトウェアをパッケージ化している企業が目立ち、それを元にASP事業を展開している企業もある。ASPとは、Application Service Providerの略であり、インターネットを通じて、主としてビジネス向けのアプリケーションソフトを顧客にレンタルするビジネスのことである[7]。

ソフトウェア開発に分類される企業の場合、必然的にシステムエンジニアなど技術系のキャリアを持つ経営者が多くなる。しかし以前の勤め先を退職した後、1人で一から起業した事例は限られている。対象企業についていえば、むしろ既存企業からの分社化・子会社化や、スピンアウトによる会社設立を起源としている場合の方が一般的であった。表VII-1の起業経緯に概略が記してある通り、対象企業の中では、ID1、2、9、13、17、18、21、22が分社化・子会社化やスピンオフによって誕生している。ソフトウェア産業の地方都市への展開が本格化したのは1980年代であり（V章）、現在では地方都市でもソフトウェア産業は成熟期を迎えつつある。大分県での数少ない事例から一般化することは慎まなければならないが、インターネットの技術を活用したものであっても、ソフトウェア開発の分野においては、すでに個人での起業が難しくなっている可能性がある。

インターネット関連サービスは、プロバイダ業務、サーバのレンタル、パソコン教室など、インターネットに関連するさまざまなサービスを提供する企業からなる。多くの企業が複数の業務を平行して行っており、コンテンツ制作やソフトウェア開発に関わる業務に携わっている企業もある。このグループに関してはその特徴をまとめ上げることが難しいが、電話などの通信機器やパソコンを含めた事務機器などの販売からインターネット関連のサービスに進出した企業が多いことが挙げられる[8]。そうした企業の場合、顧客の側から事業所のインターネット環境の整備やLANの構築、ウェブサイトの制作などの要請を受けたことが、インターネット関連の業務を手がけるようになったきっかけとなっている場合が多い。

（3）　顧客の獲得と業者間のリンケージ
1）　顧客の獲得

対象企業の中には、チラシ、新聞・雑誌広告、TV・ラジオコマーシャルなど、マス・メディアを使って自社の宣伝を行っている例も見られる。起業当初は飛び込みの営業をしていたという経営者もいた。しかし、少なくとも調査時点では、不特定多数に対する積極的な営業活動は行っていない企業が大半で

あった。顧客獲得の最も有力な手段は、個人的な知り合いや顧客同士の口コミなど、インフォーマルな人的ネットワークである。ウェブサイトを制作する仕事の場合には、以前ウェブサイトを制作した顧客の紹介が、新しい顧客を得る有力な手段となっている。また、システムエンジニアやプログラマーの経験を持つ経営者の中には、以前の勤務先の同僚などから下請け的な仕事を融通してもらった経験を持つ者もいる。パソコン教室など、個人を主要な顧客としている場合でも、口コミによる顧客獲得に依存している。

　対象企業の顧客はほとんどが大分県内に分布しており、それも頻繁に行き来できる範囲の顧客が中心である。図Ⅶ-2は対象企業のうち、データが得られた3社についてウェブサイト制作の顧客の分布を示している。ID19の経営者は、「ウェブサイト制作の仕事の場合、はじめの1カ月は打ち合わせを重ねてページの構成を考えることに費やす。次の1カ月で制作し、修正が多い場合は

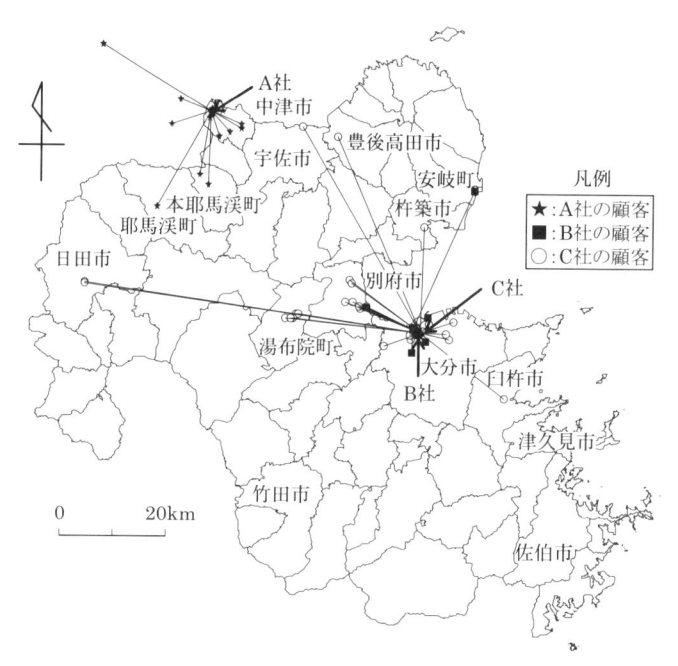

図Ⅶ-2　ホームページ制作をしている企業の顧客の分布
資料：聞き取り調査、対象企業ホームページなどにより作成。

もう1カ月かけて作る」という。ウェブサイトを作る過程では、どのような情報を載せるのか、どのようなデザインにするか、ウェブサイトにどのような機能を持たせるか[9]について、顧客と入念な打ち合わせを行う必要があるため、近接性が必要となる。

ソフトウェア開発でも、受注ソフトの場合には、やはり顧客や元請けなどとの頻繁な対面接触が必要となる（中澤・荒井 2002）。パッケージソフトでも、開発初期は顧客の要求に応じてかなりのカスタマイズが必要となるため、顧客との近接性を確保する必要がある。一方、対象企業には、ID1、2、12、17、23など、自社開発のパッケージソフトの完成度がかなり高まっている企業がいくつかある。こうした企業では、より多くの顧客を獲得するために全国展開を志向しており、県外に代理店網を拡大し、販路を確保することが目下の課題となっている。

2）業者間のリンケージ

インターネット関連企業が大分県内に誕生し始めた当初は、インターネット関連企業同士のリンケージは地縁的なものに限られていた。ID23とID26はインターネットの普及以前から存在していた同業の企業同士であり、地理的にも近接しているため、商工会などを通じた知己の間柄であった。後に両社ともウェブサイト制作を手がけるようになったが、ID23の方が高い技術を持っているため、ID26は自社では手に余る仕事の依頼があると、ID23に外注しているという。ID30、31、32は地縁的な結びつきによる交流があり、ID30、ID31が、本業が忙しいときにはID32に仕事を任せる関係にあるという。

ｉプラザができると、入居企業同士のネットワークが生まれた。ｉプラザ入居企業は日常的な接触や勉強会などを通じて、頻繁に情報交換を行っている。すでに退去した企業も含め、入居企業同士は共同体意識を持っており、お互いの強みとする分野を知っている。そのため、単なる情報交換にとどまらず、入居企業の得意分野を考慮して、受注した仕事を他の入居企業に融通することも行われている。

より積極的に、地域のインターネット関連企業を組織化しようとする動きも生まれている。大分情報化推進事業協同組合（以下 IPA）は、同業者のネット

ワーク作りと事業の共同受注を目指して2002年2月に設立された。インターネット関連企業はほとんどが小規模なので、信用面やキャパシティの問題から一定規模以上の仕事を受注することが難しい。そこでIPAが代表となって仕事を請け、組合員である企業の適性を考慮して仕事を割り振る。共同受注とは別に、組合員が独自に抱えている顧客の仕事を他の組合員に回すこともある。大分市郊外にあるIPAの事務所には、インキュベーション施設「OITA-IPAプラザ」が付設されており、格安の賃料でインターネット関連企業を受け入れている[10]。

IPAの組合員は設立時わずか4社であったが、2006年1月時点では25社にまで増加している。組合員は情報交換と親睦を図るために、定期的に会合を持っているが、加入企業の増加に伴い、共同受注した仕事を分配する機能の意義は相対的に低下しつつある。しかし、これまで相互に無関係のまま存立していたインターネット関連企業に、同業者と情報交換をする場を提供し、相当数の企業を組織化するに至ったことは評価できよう。

以上述べてきた企業間のリンケージは、規模は小さくてもおおむね会社形態をとるもの同士のリンケージであった。これとは別に、確認がとれただけで対象企業の約半数が、仕事の外注先として特定のSOHO事業者を抱えていた(表VII-4)。インターネットを利用したデータエントリーサービスを手がけており、在宅のオペレーターを大量に募集している2社を除いては、SOHO事業者とのリンケージはインフォーマルな人的つながりによって形成されている。SOHO事業者のほとんどは、取引関係にある企業の近辺に居住しており、外注される仕事の内容は、コンテンツのデザインやプログラミングが主体である。専業的なフリーランサーもいれば、副業的な形態をとる者もおり、女性も少なくない。

対象企業によれば、大分県内にもかなりのSOHO事業者が存在するという。しかし、その実像はインターネット関連企業以上に見えにくく、対象企業もつきあいのあるSOHO事業者以外のことについてはほとんど把握していなかった。なお、SOHO事業者とのリンケージに関連する内容は、次節でも再度ふれる。

Ⅶ 地方都市におけるインターネット関連産業とその経営者――大分県の事例―― *151*

表Ⅶ-4 対象企業のSOHO事業者活用事例

ID 2	入力オペレーターが全国各地にいる。
ID 4	CGIやデザインなど、外注先は5、6人確保してある。フリーランスでやっている人もいれば、会社形態をとって1人2人でやっているところもある。
ID 6	外注先のうち、SOHOの人は大分市内の4人。大分市内にもSOHOは結構いる。
ID 7	別府に住む友人で、ホームページを作れる人がいて、売り上げを折半したりしている。その人はサラリーマンの副業。
ID 9	外注はかなり使っている。フリーランスでやっている個人のパートナーも数人いる。
ID 12	つきあいのあるホームページデザインの人は4人。SOHOの人で、東京の仕事を請けている人もいる。
ID 13	入力オペレーターが全国各地にいる。
ID 14	社外のパートナーのデザイナーが1人いる。
ID 15	主にこの会社のパートナーとなってもらっている人は3人で、それ以外に手伝ってもらっている人も含めると10人くらい。ほとんどは大分市内在住で、副業としてやっている人もおり、女性も多い。
ID 16	つきあいのある人は何人も。SOHOの人の中には東京に住んでいる人もいる。女性も多く、デザインでは3人が女性。男性には副業でやっている人も1人いる。
ID 19	デザイン系の学校を出たばかりの若いフリーランスのクリエイターに、ここの会社の制作を下請けに出すことをやり始めた。
ID 20	人数が必要になったときには、スポットで人を頼むことがある。大手からの仕事は、SOHOで仕事をしている人に丸投げしている。
ID 22	結婚してやめた人に対して、自宅でできるような形で仕事を出すことをやっている。
ID 28	ホームページ作りは、外注の人と顧客のところに同行し、外注の人に作ってもらう。こうしたSOHO的な人を5人以上使っている。
ID 29	インターネット関連で、パートナーとなっている人が4、5人いる。
ID 32	前の勤務先の後輩に、本業があいているときにデザインをしてもらったりしていた。

注) IDは表Ⅶ-1に対応している。
資料：聞き取り調査により作成。

3. 大分県のインターネット関連企業の経営者

（1）経営者の属性

　既存の企業・産業の安定的拡大による雇用確保と経済成長が行き詰まりを見せるなかで、起業による新産業の創造と雇用の創出に対する期待は高まりを見せている。ネットバブルといわれた時期に比べれば低下したものの、インターネット関連産業は依然として高い開業率を維持している。新たに会社を起こしたいと思う人の存在なしには、新しい企業は誕生し得ない。地方圏においてインターネット関連企業を誕生させ、それを経営しているのは、どのような者たちなのだろうか。本節では、対象企業の経営者のうち、十分な情報が得られた29人を対象に、その属性や経歴に見られる特徴を明らかにする。

　対象者は1人を除くすべてが男性であり、年齢は40歳代が11人と最多である（表Ⅶ-5）。学歴は大卒以上が19人を占めており、高卒者がこれに続く。大卒者では文系と理系が半々くらいだが、高卒者には工業高校卒業者が多い。1980年代までのソフトウェア企業は工業高校卒業生をかなり採用しており、そこでの勤務経験を生かした起業である。

　対象者29人のうち、24人は大分県内出身者で占められている。5人いる他県出身者の内、4人は配偶者が大分県内出身者である。つまり本人も家族も大分県の出身でない者が、大分県内においてインターネット関連企業を創業することはほとんどないことになる。また、大分県内出身者のうち17人は、進学や就職などで県外での生活を経験した還流移動者である。このことからもわかる通り、対象者の多くはインターネット関連企業の経営を行うに当たって、経済学的に見て最適な立地点を追求したというよりは、自分あるいは家族の出身地において生活を送るための一手段として、大分県での起業を決意したのである。

　対象者の起業前の職業経歴は大きく2つに整理できる。1つは営業系であり、もう1つは技術系である。もとより対象者の職業経歴がこの2つに判然と分けられるわけではない。実際にはそのどちらにも該当する職業経歴を持つ経営者

表Ⅶ-5　インターネット関連企業経営者の属性

ID	年齢	学歴	大分県出身	移動歴
1	40	高校	●	ずっと大分
2	37	大学		東京、福岡勤務を経て流入（妻は大分出身）
3	40	大学	●	Uターン（東京）
4	32	大学	●	Uターン（東京）
5	40	高校		大阪勤務を経て流入（妻は大分出身）
6	−	大学	●	Uターン（大阪）
7	37	大学院	●	地元大分勤務後、アメリカ留学・勤務を経てUターン
8	50代	大学	●	Uターン（東京）
9	−	大学	●	Uターン（東京）
10	50代	大学	●	九州一円での勤務を経てUターン
11	−	大学	●	学卒Uターン（東京）
12	45	専門	●	地元大分勤務後、県外進学を経てUターン
13	36	大学	●	ずっと大分
14	31	大学	●	ずっと大分
15	56	専門	●	福岡での勤務を経てUターン
16	46	大学	●	Uターン（東京）
17	30代	大学	●	Uターン（東京）
18	42	高校	●	ずっと大分
19	34	高校		出身県勤務を経て流入（妻は大分出身）
20	41	大学	●	学卒Uターン（熊本）
21	51	大学		就職時に大分へ（妻は大分出身）
23	50	高校	●	Uターン（大阪）
24	40	−	●	ずっと大分
25	50	高校	●	ずっと大分
26	42	大学	●	Uターン（福岡）
27	40代	大学	●	Uターン（京都）
32	48	大学		転勤で大分流入
33	52	高校	●	ずっと大分
34	36	大学	●	学卒Uターン

注1）　IDは表Ⅶ-1に対応している。
注2）　−は不明を表す。
資料：聞き取り調査により作成。

がいる一方で、どちらともつかない者もいる。

　営業系経営者の典型は、起業前は営業職に就いており、そのときの顧客などの人脈を経営資源として起業した者である。ID14とID16は、いずれも創業以前には自動車販売の営業をしていた。特にインターネットに関連する業務をしていたわけではないにもかかわらず、インターネット関連企業を起業し、営業を軌道に乗せることができた一因は、自動車を販売していた時代の顧客の一部が、ウェブサイト制作に関しても顧客となったことにある。不特定多数に対する営業活動が実を結びにくい状況において、自動車の販売を通じて信頼関係がすでに構築されていたことは、起業に際しての大きなメリットとなった。

　起業に先立つ人脈の開拓という点では、ID33の創業者はより戦略的であった。彼は長らくNTTの技術職をしていた。しかし、「辞めて起業する前の4年間、戦略的に営業を志願して、やらせてもらった。その期間は会社の商品を売るというよりは、自分の名前を売るように努めた」という。知名度を高める戦略の甲斐あって、ID33は医療関係のネットワークを始め、大きなシステムに関わる仕事をしているほか、自治体の仕事も請け負っている。

　営業系の経営者は、概して人的ネットワークを作り、それをマネジメントすることに長けている。そのため営業系経営者には、SOHO事業者を束ねて実務に当たる経営スタイルをとる者が目立つ。SOHO事業者の中には、高いスキルを有する者もいるが、そういう人ほど一匹狼的な気風が強く、営業力が決定的に不足している。営業系の経営者は、営業力のないSOHO事業者に代わって顧客を獲得し、SOHO事業者を組織化してその仕事に当たらせるのである。中にはID15のように、自らは営業窓口に徹し、実際のウェブサイト制作はすべてSOHO事業者に任せているような事例もある。営業的な面と技術的な面において、SOHO事業者と自分たちが分業関係にあることは、営業系経営者の共通認識であった。

　技術系の経営者の典型は、システム・エンジニア（SE）やプログラマー、あるいはハードウェアの技術者などとしての経験を通じて培った技術を核にして起業した者である。還流移動者、地元定着者ともに、大手ソフトウェア企業やその子会社での勤務を経験している者が多い。起業前にソフトウェア企業に

勤務していた対象者は、起業後、以前の勤め先から下請けの仕事をもらっている場合もある。スピンオフによって誕生した企業も、親企業と取引関係を持ち続けることが多い。ソフトウェア企業への勤務経験は、そこでの技術習得に加え、起業当初の不安定な時期に下請けの仕事がもらえるというメリットもある。

　技術系経営者のほとんどは、多かれ少なかれ、かねてから起業することに魅力を感じていたと話す。しかしソフトウェア企業に勤め続けることに限界を感じていた者や、勤め先での仕事内容に不満を感じていた者が多いことも事実である。ID12の経営者は、起業前に大分市内にある大手ソフトウェア企業の子会社でSEをしていた。彼は、「最後は自分の力で独立したいという思いはあった。それに加え、40歳を超えたら、SEを続けていくことは気力的に難しいだろうと考えて独立した」と語った。SEには35歳定年説、40歳定年説などの俗説があるが、聞き取りをした範囲でも、これを実感していたSE経験者は少なくなかった。SEの場合、35〜40歳前後になると開発の現場から次第に離れ、管理的な業務が中心になることが多い（V章）。ID20の経営者は、大分市内の大手ソフトウェア企業に「10年勤務していたが、最後の2〜3年は管理職に向けての準備期間のような感じで、開発の第一線からは退かされた。しかし開発の第一線にいたいという気持ちがあった」という。彼は元来自分で会社を起こしたいという気持ちを持っていたのだが、開発の現場を離れることへの抵抗感も起業の1つの要因になっている。また、ソフトウェアの開発は、プロジェクトベースで行われることが多いため、そこでの人間関係が悪化すると仕事を続けにくくなる。対象者の中で唯一本人、家族ともに大分県外出身であるID32の経営者は、「大手企業でSEをしていたが、人間関係がうまく行かず、転勤先であった大分で会社を辞め、起業」するに至っている。

　インターネット関連企業を経営するに当たり、コンピュータに関する技術や知識を有する技術系の経営者の方が有利かというと、必ずしもそうではない。いかに優れた技術を有していても、顧客がいなければ事業は成立しない。逆に経営者自身はインターネットの技術に疎くても、潜在的な顧客を抱えており、SOHO事業者を適切に活用して技術的側面を補うことができれば、十分に事

業は成立する。iプラザのインキュベーションマネジャーも、技術系の経営者には、営業や経営、管理の仕事を経験したことがない者が多く、その点が企業経営上のネックとなっていると話す。

（2） 市場環境に対する認識

対象企業の経営者は、大分の市場環境の特性をどのように認識しているだろうか。まず挙げられるのは、コンテンツやソフトウェアに対する顧客の意識の低さを指摘する声である。「大分はまだまだウェブに対する認識が低い。よく東京品質、大分価格ということが言われる。ウェブはどこにいる人でも見られるので、品質は東京標準でなければならない。しかし大分には技術料という発想がなく、あくまで手間賃程度としか考えてもらえない」(ID14) というように、大分においては無形の情報財に対して、物財と同様の対価を支払うという発想が浸透していないとする指摘が多く聞かれた。

コンテンツ制作の場合について、聞き取り調査から得られた知見を要約する形で掘り下げてゆこう。大分におけるウェブサイト制作（一般的な企業紹介的なもの）の平均的な料金水準は、それをビジネスとして行っている企業に制作してもらった場合で約20〜30万円であり、対象企業もおおむねその水準でウェブサイト制作を行っていた。頻繁に更新やメンテナンスをするとなると、それ以外に月々の更新料やメンテナンス料が必要となる。一方で、半ば趣味的な立場で、1ページ2,000〜5,000円、ウェブサイト全体で数万円程度の価格で制作を請け負う個人が存在する。こうした個人が作るウェブサイトは、デザインや使いやすさの点で専門の企業が制作したものに比べて劣ることが多いが、価格が安いだけにそちらに流れる顧客も多い。そしてそれは、コンテンツ制作の適正価格を押し下げる圧力となる。

ウェブサイトの開設が企業の売り上げを短期間のうちに増進させることはほとんど期待できない。しかし、ウェブサイトの優劣は、長期的にはサイトの訪問者数に確実に反映される。優れたウェブサイトは訪問者を引きつけ、それがひいては顧客獲得につながるが、質的に劣るウェブサイトは、ほとんど閲覧されないまま放置される。ところが、閲覧者の少ないサイトを持つ企業は、自

Ⅶ　地方都市におけるインターネット関連産業とその経営者——大分県の事例——　　157

社のウェブサイトが質的に劣るから効果がないのだと考えるよりは、ウェブサイト全般が無意味なものであると評価しがちである。そうした評価が口コミで広がることにより、20〜30万というウェブサイト制作費を割高と考える顧客がますます増加するのである。

　ソフトウェア開発に従事する企業に多かったのが、自治体の発注する仕事などの好条件の仕事を、大手企業が寡占しているという不満である[11]。自治体の仕事を受注するためには、自治体の入札参加資格を得る必要があるが、地場の中小企業には敷居が高い。そもそも、いつ、どのような手続きを踏めば自治体の仕事を受注することができるようになるのかを知らない企業が多い。結果的に自治体の仕事は大手企業が好条件で受注することになるが、その下請けとして実際のソフトウェア開発を担うのは地場の中小企業であることも少なくない。

　近年では、銀行の再編や市町村の合併に伴い、大分県内でも魅力的な仕事が出てきている。しかし中小企業がそうした仕事を直接請けることは、実際には信用やキャパシティの面から難しい。先述のIPAが結成された目的の1つは、こうした状況に対応することであった。すなわち中小企業が組合を作ることによって信用力を増し、単体では請けることが難しい仕事を受注することである。実際にIPAは地場の有力企業や自治体、商工会議所などからの受注に成功している。

　また、「大分には営業そのものに対する嫌悪感のようなものがあると感じる」（ID8）、「大分県の人は、現場の言葉は信用するが、営業の言葉を信用しない傾向があると感じる」（ID15）など、顧客が営業に対して潜在的な不信感を持っていると感じている経営者も少なからずいた。ID6の運営するポータルサイトは、バナー広告などを出さない限り、情報掲載を無料で行っている。それはポータルサイトとしての魅力を高めるためであるが、無料で情報を掲載できる側のメリットも大きいはずである。しかし顧客は営業の言葉を信じず、「ポータルサイトへの情報掲載が無料と言っても胡散臭がられる」と言う。先に述べたように、対象企業はインフォーマルな人的つながりによって顧客を獲得することに重きを置いている。不特定多数に対する営業活動が実を結びにくいとすれば、個人的な知り合いや口コミなどに頼る営業活動の重要性が高いことも納

対象企業の経営者たちが大分の市場環境の特性として認識している事柄が、大分独特の事柄であるか否かを検証することは難しい。ここで挙げられた事柄は、地方圏に立地するインターネット関連企業が、共通して直面する経営面での困難であるように思われる。この点に関しては、地方圏におけるインターネット関連産業に関する事例研究の蓄積を待ちたい。

（3） 経営の志向性

インターネット関連企業の多くはきわめて規模が小さいため、起業後の経営展開は経営者の意向に大きく左右される。経営者の今後の経営に対する姿勢は、成長志向と現状維持志向を2つの極として、その間に位置づけられる。典型的な成長志向の経営者は、「全国を視野にいれ、事業所展開していくことを考えている。まずは社員を50人まで持っていきたい。会社としての信用を勝ち取りたいので、Qボードでもよいから株式の公開を進めたい」（ID1）、「ほとんどのベンチャーは株式公開し、キャピタルゲインを得たら終わりで、それ以降も成長を続けている企業は非常に少ない。誰も信じてくれないが、順調に成長すれば、10年で100億、20年で1兆円くらいまで成長しても不思議ではないと考えている」（ID2）といった展望を持っている。ここでも言及されている通り、成長志向の経営者は株式の公開を1つの目標とする場合が多い。また、県外市場への進出も大きな目標となっている。順調な成長を遂げている企業は、自社商品としてパッケージソフトを持っており、それを携えて支店や代理店展開をするなど、県外への進出を始めつつある。逆に言えば、オーダーメードに近い性質を持つウェブサイト制作や受注ソフトウェア開発を中心とした経営では、規模の経済が働きにくいため成長軌道に乗ることが難しい。

成長志向の対極には、現状維持志向がある。現状維持志向は「自分は大分県の中で暮らせればよく、拡大していこうとは考えていない」（ID10）という言葉が示すように、地元である大分県で暮らすことと密接に結びついている。前述のように、対象者の大半は大分県内の出身者であり、その7割が県外での就業経験を持っている。還流移動者の第一の目的は、地元である大分で生活を営

むことであり、インターネット関連企業を起こすことは、それを達成する一手段にすぎない場合もある。還流移動して家業を継ぎ、インターネット関連産業に進出したID8の経営者は、かつて事業拡大を目指して福岡に支店を出したこともあった。しかし、「福岡に行ったり来たりになり、家庭生活が犠牲になった。どうしてこんなことをしているのかと、目的に疑問がわいてきた」と振り返る。ID8は、今は福岡から支店を引き上げている。地元志向の経営者にとっては、規模拡大に伴う県外進出は必ずしも喜ばしいことばかりではない。

現状維持志向のもう1つの源泉は、1人あるいは少人数で仕事をすることへのこだわりである。こうしたこだわりを持つ経営者たちは、組織を大きくし、売り上げを伸ばしてゆくことよりは、組織のしがらみから離れたところで自分の納得のいく仕事をすることに価値を見いだしている。ID32の経営者は、以前勤めていた会社の後輩にスポット的に仕事を手伝ってもらうこともあるが、ホームページ制作やパソコン教室の講師など、さまざまな仕事を基本的に1人でこなしている。従業員を雇うつもりはないのかという問いに対して、「人を雇うと広がりも出てくるのだろうが、個人の方がやりやすく、人を雇う器ではないとも考えている。根が技術屋なので、管理的なことに時間をとられたくない」と答えた。ウェブデザインを主に手がけるID19の経営者は、デザインを他の人に任せてまで会社を大きくしていくことには抵抗感があるという。彼らは仕事の報酬以上に、仕事のプロセスを重視している。

成長志向と現状維持志向が相対する二極をなすとすれば、それとは別の軸を形成しているのが、固定収入志向である。固定収入志向とは、スポット的な取引だけに頼った経営ではなく、一つひとつの額は小さくても、月々の固定的な収入が得られる業務で経営のベースとなる収入を得ようとすることである。その代表的なものが、プロバイダなど各種インターネット関連サービスの代理店業務、サーバホスティングなどである。ウェブサイト制作を主な業務としている企業では、ウェブサイトを作った後の更新やメンテナンスの契約を結ぶことで、固定的な収入を得ようとする傾向にある。ID16の経営者は、「先頃、雑誌にもデザイン業では定期的な収入が6割以上ないと厳しいという記事が出てい

た。ここでも売り上げの6割くらいは定期メンテナンス料で稼いでいる」と話した。ウェブサイト制作主体の経営で、固定収入6割という数字は、大分県内ではかなり達成が難しい。顧客のウェブサイトに対する意識がまだ低く、頻繁な更新やメンテナンスの必要性をなかなか理解してもらえないからである。ソフトウェア開発を主な業務としている企業のうち、パッケージソフトを開発し、ASP事業を展開している所では、ソフト使用料が固定収入となって、結果的に経営を安定させている。

対象企業のようなきわめて小規模な企業では、収入の安定・不安定は経営者および従業員の生活の安定・不安定に直結する。それを象徴的に表しているのが、ID4の経営者の、「昨年は個人的な事情があって、事業を半年間中断した。その経験から、固定的な収入がなければ食べていくことが難しいと痛感した」という言葉である。とりわけ、出身地である大分で生活してゆくための一手段として、インターネット関連企業を起こした経営者にとっては、固定収入の確保によって、安定的な経営基盤を確立することが重要である。

4. 小 括

本章では、経営者の主観に属する事柄にも踏み込みながら、大分県を事例に、地方圏のインターネット関連企業の実情を描き出してきた。最後に本章を通じて得られた知見から派生する論点をいくつか提示しておきたい。

対象企業における顧客の獲得は、主としてインフォーマルな人的ネットワークに依拠していた。このことは、不特定多数に対する営業活動が受け入れられにくいという、経営者の市場認識と関連している可能性がある。しかしインフォーマルな人的ネットワークに依存している限りにおいては、獲得できる顧客の数には限りがある。一部の企業は、パッケージソフトなどの自社商品を確立し、代理店を展開することなどにより、市場の地域的拡大に動いている。これに対して、ウェブサイト制作や受注ソフト開発、個人に対するサービスなど、商品として流通させにくい業務を経営の柱としている企業は、今後どのよ

うな対応をするのかという課題に直面する。

　この点に関わってくるのが、経営者の経営の志向性である。対象企業の経営者は大分県出身者かそれに準ずる者にほぼ限られる。そして、その多くは大都市での勤務経験を経て、出身地である大分に還流移動している。現状維持志向の経営者の中には、出身地で生活することに重きを置いており、生計を立てられるだけの収入が確保できさえすればこれ以上の業務拡張を望まないとする者も多い。こうした経営者にとっては、固定収入志向をどれだけ達成できるかが問題となる。規模拡大の難しいオーダーメード的業務であっても、それが固定収入を得るに足るものであれば、現状維持志向の経営者にとっては、地元のニーズにきめ細かく対応していくことができるという点で、やりがいのある仕事となりうる。

　現状維持志向の企業が、雇用の拡大などを通じて直接的に地域経済に貢献することは少ないであろう。しかし、こうした経営者の多くは大分を自らのアイデンティティのよりどころと定め、自立して生活の糧を得ている。そして大企業であれば顧みないような、地域に存在する細かな需要をすくい上げ、地域におけるインターネット基盤の底上げをしている。そのことは、間接的で漸進的にではあるが、地域の経済、社会の発展に貢献するであろう。インターネットという技術が、地元に愛着を持つ者が組織に寄りかからずに生活してゆく可能性を多少なりとも広げているとすれば、それは評価してよいことであろう。

　一方、成長志向を持っているからといって、業務拡大を達成できるとは限らないが、順調に業務拡大の軌道に乗っている企業の経営者は、まずほとんどが成長志向を持っている。成長志向の企業は、現状維持志向の企業に比べて、今後の地域経済への直接的な貢献が期待できる。成長志向の企業は、県外市場への進出を試みており、すでに福岡、東京、大阪などに支店展開を果たした企業もある。県外への市場拡大が順調に進めば進むほど、大分の市場としての位置づけは小さくなるであろう。そうなったとき、企業は本社機能などを発祥の地である大分に残すのだろうか。それとも、その機能の多くを大都市に移転してしまうのだろうか。これは地域にとって大きな問題である。

　本章の論点を一般化すれば、個々のインターネット関連企業の態様は、その

経営者の属性や経歴、主観ときわめて密接な関係を持っているということになる。企業を成長させてゆくことは、必ずしも経営者の目標になるとは限らない。その点において、従業員や自治体の期待と経営者の思惑の間に齟齬が生じる場合もあるだろう。そうしたアクター間の意識のずれをとらえるためには、インターネット関連企業従業員のキャリア意識や自治体の政策などについても詳しく検討する必要がある。

注
1) 立地数が少なく、企業名が特定される恐れがあるため、詳細は公開しない。
2) 湯川（2001）は、東京都区部におけるインターネット関連企業を調査し、インターネット普及以前からの企業が多いことをサンフランシスコやニューヨークにおける集積との相違点として指摘している。
3) 一室あたりの広さは、25.84～47.16m^2である。
4) 共益費は695円／m^2である。
5) 鍵括弧内は聞き取り調査記録からの引用を示す。IDは表Ⅶ-1に対応している。本章の以下の部分でも同様である。
6) 出版・印刷業の集積がある東京都区部の神田周辺において、インターネット関連産業の集積が見られるのは、これと同様の理由からである（Arai et al、2004）。
7) ASPであれば、高価なソフトウェアであっても安価に導入することができる。また、インストールや管理、アップグレードにかかる時間と費用を節約することができるので、最近は汎用性の高いアプリケーションも、ASPとして提供されるようになった。
8) 対象企業の中では、ID3、8、15、28、34がそれに該当する。
9) ここでいう機能とは、看板的なウェブサイトにとどめるのか、インターネット販売の機能をつけるのか、宿泊施設などであれば予約機能をつけるのかなどである。
10) 30m^2程度のオフィスで4万5,000円程度である。
11) ウェブサイトの制作の場合でも、自治体のものなど大がかりな案件になると大手企業の受注が多くなる。

VIII
結　論

1.　問題意識と分析枠組みの再確認

　本書では、製造業の研究開発技術者と広い意味での情報技術者を対象に、職業キャリアに焦点を当て、個人のライフコースの描く空間的軌跡を、それを取り巻く社会経済的背景の変化に即してとらえることを試みた。高度成長期には、日本的雇用体系という言葉は説得力を持って受け入れられ、その下で働く世帯主を想定したライフコースは1つの規範として機能した。大部分が大企業に勤務し、1つの企業に勤め続けることの多い機械関連産業の研究開発技術者は、日本的雇用体系という言葉が喚起する雇用体系の下でライフコースを歩んできた人々の典型例である。

　今日では、日本的雇用体系という言葉がかつて誇った妥当性と説得力は、急速に薄れてきている。本書では、ソフトウェア産業の情報技術者と、インターネット関連企業の従業員および創業者のライフコースを分析することを通じ、新たな雇用体系とその下での生活のありかたを見据えようとした。彼らのライフコースは、転職を経験しつつ職業キャリアを形成し、最終的には出身地で生活を送るライフコースが成立する可能性を考える上で有益な素材であったといえる。

　ライフコース概念は本書を貫く鍵概念であった。ライフコース概念については、これまでその可能性と限界の両面について議論が不十分であったり、類似の概念との差異が不明瞭であったりしたまま、実証研究への適用がなされてきた感がある。それを少しでも克服しようと、II章は、ライフコース概念に対

して筆者なりの概念規定を行うために費やされた。ライフコース概念に先行して社会科学に導入されたライフサイクル概念は、生命体の一生に見られる直線的な生物学的推移を、個人および家族の社会的属性の推移に当てはめたものであった。したがって決定論的性格を強く有するなど、さまざまな問題点をはらんでいた。これに対してライフコース概念は、個人の人生を職歴や家族歴、住居経歴など各種の経歴の束からなるものととらえ、それを歴史的時間における社会経済的背景の変遷と関連づけることで、ライフサイクル概念の内包する問題点を乗り越えようとした。こうした問題意識は、個人の生きてきた様を最大限に尊重するライフヒストリー概念との共通点を持つ。しかしライフコース研究は、個人に注目しつつも現実に対する主体の意思決定の個別性を問題にするわけではなく、客観的に把握可能な事実に基づき、コーホートを単位として人生を再構成する。その点が口述を基に主観によって認識された個人史を再構成することを企図するライフヒストリー研究と最も異なる点である。

　日常生活が一定のパターンを持ち、そのパターンを生活構造と呼ぶならば、ライフコースは生活構造の連鎖である。分析単位にコーホートという人口集団を措定したことにより、ライフコース概念は生活構造論あるいは社会変動論と結びつくことになった。ある類型のライフコースを選択する者がアノマリーとして片付けられない程度にまで増加すれば、社会は何らかの変化を迫られる。たとえ絶対数は少なくとも、あるライフコースを選択する者の登場が旧来の社会／地域構造を揺るがすものであれば、それを対象にする研究は十分な意義を持ちうる。

　ライフコースを構成する諸経歴においてある地位に至るための機会は、それぞれ異なった分布状況をもって地理的に偏在している。中でもその時々の就業機会、すなわち職業キャリアにおける諸機会の地理的偏在は、その時代に生きる人々のライフコースの空間的軌跡に強く反映される。生活を経済的に持続させるためには、分断された労働市場の中で自らにふさわしい就業機会を得る必要があり、それはしばしば地域間移動を余儀なくする。ライフコースはさまざまな経歴の有機的な連関として成り立っており、他者のライフコースとも響き合いながら形成されてゆく。その過程において、空間的次元は本質的に重要で

ある。それゆえ本書は、職業キャリアを中心に据えて、個人のライフコースの空間的軌跡を問題にしてきたのである。

2. 実証研究から得られた知見

　本書のⅢ章からⅦ章は実証研究に充てられており、実質的には研究開発技術者を対象にしたⅢ、Ⅳ章と、広義の情報技術者を対象にしたⅤ、Ⅵ、Ⅶ章に分けられる。
　Ⅲ章では、個人と就業機会を結びつける紐帯に注目して、研究開発技術者の新規学卒労働市場における労働力移動のメカニズムを明らかにした。研究開発技術者の新規学卒労働市場では、高等教育機関の果たす役割がきわめて大きい。特に地方圏から東京圏内への就職を行う者にとって、高等教育機関は空間的なギャップの架け橋となるものであり、良好な就業機会を確保する働きをも担っている。そしてこのことは、高等教育機関の就職仲介機能が、研究開発技術者が東京圏の大企業に集中する構造が形成されるプロセスの一翼を担ってきたことを意味している。
　高度成長期には、中卒者・高卒者に関してはほぼすべての、文系大卒者でもかなりの新規学卒者が教育機関を通じて就職した（本田 2005）。学校を通じた就職のシステムは、地方圏で発生した余剰労働力を大都市圏における旺盛な労働力需要と結びつけ、労働力需給の空間的ミスマッチを解消する重要な役割を果たした（加瀬 1997；苅谷ほか 2000）。高度成長期には大都市圏と地方圏の間に大きな労働力の需給ギャップが存在したのであるから、大都市圏へと向かう著しい人の流れは、教育機関が介在しようがしまいが不可避だったであろう。しかしインターネットなどなかった当時、地方圏にいながらにして大都市圏の雇用機会に関する情報を得ることは、現在に比べてはるかに困難であった。雇用機会に関する情報が求人票という形に統一され、雇用機会と個人のマッチングの場が教育機関に一元化されていたことは、起こるべくして起こった労働力移動を円滑なものにしたと評価できる。

日本的雇用体系の下に入ることは、ライフコースをめぐるさまざまな決定の自由を犠牲にすることになる一方で、長期安定雇用や年功賃金が保障されることを意味する。高度成長期の地方圏出身者にとって、大都市圏で日本的雇用体系を保持している企業に職を得ることは、地方圏にとどまるよりも高い生活水準が約束されることを意味した。したがって、いかにして農家の二、三男に職を確保するかが問題となることはあっても、大都市圏への移動を余儀なくされることを問題視する状況にはなかった。また、専門職や技術職については、就業機会が圧倒的に不足していたため、こうした職を目指す者は実質的に大都市圏に移動する以外に選択の余地はなかった。Ⅲ、Ⅳ章の対象となった研究開発技術者の約半数は地方圏出身者であったが、彼らが手にしていた生活水準や研究開発技術者としての職業キャリアを保ち続けるためには、出身地に帰還することは諦めなければならなかっただろう。彼らは時には転勤を経験しながらも持家を取得して大都市圏の住民として定着し、職業キャリアの面でも最終的には多くの者が管理職として処遇されたのである。高度成長期についていえば、自由な就職活動が制限されていたことをもって教育機関を通じた就職を批判したり、転勤を当然とする日本的雇用体系のあり方を一面的に非難したりすることは、必ずしも妥当ではない。

　高度成長期が終焉を迎え、第一次ベビーブーム世代の就職の波が過ぎ去ると、地方圏から大都市圏への人口移動は減少した。還流移動の存在が大きく取り上げられるようになるのは、オイルショック後の1970年代半ば以降である。高度成長期に担保されていた企業と個人の互恵的な関係にほころびが見え始めたとき、それならば出身地でのライフコースを選択しようという考えが働くのは自然であろう。さらに1980年代に入り、いわゆるハイテク産業を地方圏に分散させて地域経済振興の柱とする政策潮流が明確になると、地方自治体はそれを支えうる人材の獲得を目指した政策を展開するようになる。人が就業機会を求めて移動した高度成長期とは逆に、今度は生産機能が地方圏に移動するようになった。新たに地方圏に立地した事業所は大都市圏の企業の支所や子会社を中心としていたために分工場経済と揶揄されたが、地方圏出身者のライフコースの観点からすれば、出身地における就業機会を拡大させる重要な存在

であった。

　ソフトウェア産業を中心とする情報サービス産業の地方圏への展開は、製造業よりやや遅れて1980年代半ばに本格化した。当時、大都市圏の情報サービス産業は深刻な人手不足に見舞われており、地方圏において必要な人材を確保することが重視された。特に大都市圏での勤務によって技術を身につけた地方圏出身者の還流移動志向が高まったことは、大都市での人手不足に拍車をかけ、情報サービス産業の地方圏展開を促した。情報サービス産業の地方圏展開の背景には、労働集約的な工程を人件費の安い地方圏に移転する意図や、地方圏で発生してきた情報サービス需要の掘り起こしなど、企業側の論理によって進んできた側面ももちろんある。しかしⅤ章で示したように、大都市圏の大手情報サービス企業は、明らかに従業員の出身地定着志向を意識して地方圏展開を行っていた。このことは、特定のコーホートに属する人々が自らのライフコースを築き上げる上で行った選択が、地域間分業のあり方に影響を与えうることを示している。

　Ⅴ章の課題は、地方圏情報技術者のライフコースを通じて、日本的雇用体系が日本の労働市場を象徴する概念としての妥当性を失いつつある時代におけるライフコースの特徴を見ることであった。対象者においては転職経験が一般化しており、35歳以上の年齢層では還流移動者が高い割合を占めていた。地方圏出身者にとって、転職を決意することは還流移動の意思決定としばしば結びついているのである。情報技術者の職業キャリアが転職を前提としたものであることは、キャリアパスの分析からも見て取れ、転職者に関してもプログラマーからシステムエンジニアを経て管理職へ至るキャリアパスが形成されていた。九州内の転職に関際しては、平均的にはそれによって賃金が下がることはないが、還流移動の経験は賃金にマイナスの影響を与えている。また、還流移動者には帰還後に再び転職を行う者が多い。還流移動者が行う地域をまたがる求職活動に際しては、仕事内容や賃金の点でミスマッチが起こっている恐れがあり、その克服に向けては政策的な取り組みが期待される。

　大手メーカー系企業の子会社や支所の進出の主導によって地方圏に展開した情報サービス産業に対して、地方圏に立地しつつあるインターネット関連企

業の多くは、大企業と資本関係を持たない独立系の小企業である。インターネット関連産業は、多様な職業キャリアを積んできた者を従業員として取り込んでおり、還流移動者も一定の割合を占める。その点でインターネット関連産業は、出身地に根差したライフコースを送りたいという希望を持つ人々にとって、条件的には間口の広い受け皿になっている。しかし同産業の提供する就業機会は、全般に賃金水準がかなり低い。また、還流移動者には、システムエンジニアやプログラマーとして働いた経験を持つ者が多いが、これまでの職業キャリアが賃金に反映されることは少ない。地方圏のインターネット関連産業には独立系の企業が多いため、大都市圏から独立した立場で自律的な成長を遂げる可能性を秘めている。その反面、小規模の企業がほとんどであるため、そこで働く者たちのライフコースは常に不確実性にさらされることになる。

　地方圏のインターネット関連産業は、国や自治体の振興策を待たずに地域から自然発生したのであり、製造業や情報サービス産業の地方圏展開の時に見られた自治体間の誘致合戦とは無縁であった。地方圏におけるインターネット関連産業誕生の時期は大都市圏とほとんど差がなく、従業員の属性や業務内容にも大差はない。インターネット関連産業は、極論すればパーソナルコンピュータ1台と業務に必要な技術と知識、そして決断力さえあれば起業できる。Ⅶ章は、まさに地方圏にも技術を持った人材、起業する意思を持った人材が存在することを証明している。既存事業所が従業員数を削減しているなかで、新規開業は雇用創出の期待を一手に引き受けている。しかし実際にはインターネット産業を含む情報サービス産業であっても、廃業率が開業率を上回る状況にある。Ⅶ章の対象企業のほとんどは、従業員が数人のきわめて小さな企業であった。加えてすべての経営者が成長志向を持っているわけではなかった。筆者は、それが雇用創出につながるかどうかはさておき、地元に愛着を持つ者が自分の生まれ育った地域で生活してゆくためにインターネット関連企業を起こし、組織に寄りかからずに生活していること自体を評価したい。たしかに地方圏のインターネット関連企業の経営者の中には現状維持志向の者もおり、雇用の拡大や地域経済への波及はさほど期待できないかもしれない。しかし彼らは自分の出身地をアイデンティティのよりどころと定め、自らの手で生活の糧を

得ているのである。そして大企業であれば決して顧みないような、地域に存在する細かな需要をすくい上げ、地域におけるインターネット基盤の底上げをしている。そのことは、間接的で漸進的にではあるが、地域の経済、社会に貢献するであろう。インターネットという技術は、光の部分と影の部分をあわせもっている。しかし筆者は、多少なりともインターネットが「自らの地域で生活し労働する権利」を獲得する道を切り開く技術として機能していることを確認できたことに希望を見いだすのである。

3. 結びにかえて

　多くの人間が何らかの組織に属して働くことは、これからも変わらないだろう。ライフコースのほとんどの期間を1つの企業組織（典型的には大企業）の構成員として送るライフコースは、かつては明らかに規範的な価値を有していた。それはそうしたライフコースが、雇用の保障だけでなく相対的に高い所得や社会的な地位の達成をも保障していたからである。こうしたライフコースを、ここでは「従業員としてのライフコース」と呼ぶ。
　現在では、企業規模が大きく、有名な企業であるからといって、安定した雇用が保障されるとはいえないし、1つの企業に勤め続けたほうが高所得を得られるとも限らない。「従業員としてのライフコース」の魅力が減少すれば、1つの組織の枠にとらわれない働き方をし、人生を送ることを選ぶ人々が多くなる。こうした人々のライフコースを、「個人としてのライフコース」と呼んでおきたい。現実に労働市場における転職者の比重は増大しており、「従業員としてライフコース」から「個人としてのライフコース」への移行は確実に進展しているものと思われる。
　「従業員としてのライフコース」は、さまざまな自由のなかでもとりわけ自分がライフコースを送る場所を決定する自由、すなわちリピエッツのいう「自らの地域で生活し労働する権利」（Lipietz1994）を犠牲にするのと引き換えに、生活面での安定や安心を得るものであった。「個人としてのライフコース」

の比重の増大は、この自由を取り戻すことと関連している。還流移動は、その最も象徴的な表れであった。高度成長期が終わりを告げ、ライフコースにおけるさまざまな自由を犠牲にするのに見合う見返りが期待できなくなったとき、「自らの地域で生活し労働する権利」を取り戻すことが念頭にのぼってきたのではないだろうか。ただし、そうした「思い」が現実の還流移動と結びつくためには、還流移動先である地方圏において十分な就業機会が確保されている必要がある。そのため、地方圏での就業機会が拡大した1970年代半ば以降に就職した世代のみが、還流移動を実現することができた。まさにコーホート効果とその背景としての地域間分業が、ライフコースに大きな違いをもたらしたのである。たしかに地方圏で誕生した雇用機会は、大都市圏と比較すると小規模な企業のものが多く、一般に賃金も、昇進可能性も、雇用の安定性も低い。しかし多少条件は悪くなっても出身地での生活を選択するライフコースと、大都市圏にとどまり、あくまでも日本的雇用体系の下で社会的、経済的な地位の達成を目指すライフコースとの間に、一意な序列づけは不可能である。どのようなライフコースが望ましいかという判断は、個々人の主観にゆだねられている。

　自由を手にするためには、ある程度のリスクは覚悟しなければならない。「個人としてのライフコース」を標榜するする者は、「従業員としてのライフコース」を送る者が手にしてきたほどの安心や安定を望むことはできない。しかしそのリスクがあまりに大きく、ライフコースがあまりに不確実性に満ちたものになるのは問題であろう。また、たまたま生まれおちた場所によって、「自らの地域で生活し労働する権利」が保障される度合いが大きく異なることは容認できない。Ⅰ章でも少し言及したが、2000年代の前半に北海道や東北、九州において失業率が高まり、失業率の地域差が拡大したとき、その要因を若年者の地元定着傾向が強くなったことに求める意見があった。裏を返せば、高失業率の地域に暮らす人々が、新古典派の前提に基づいて労働力需要の多い地域に移動すれば、最適な資源配分が達成されるということである。最適な資源配分の達成のために、北海道、東北や九州の出身者は「自らの地域で生活し労働する権利」を放棄し、相対的に低失業率の地域に移動しなければならないのだろうか。仮に彼／彼女らが大都市圏に移動しても、そこで得られる就業機会

が移動にかかるコストに見合うものである保障はない。

　逆のことを考えてみよう。大都市圏の失業率が高まった場合に、大都市圏の失業者は相対的に失業率の低い地域に移動すべきとする議論は出てくるであろうか。1990年代から現在まで、地域ブロック別に見て、最も失業率が高いのは近畿である。しかし、近畿の失業者を他地域に移動させるべきとする議論は、筆者の印象でしかないが、おそらくほとんどないはずである。あるとすれば、還流移動の促進といった論調になろう。たしかに高度成長期には大量の地方圏出身者が故郷を離れ、大都市圏の旺盛な労働力需要に応えたし、高度成長期が終わり、大都市圏の成長に陰りが見られると多くの還流移動者が出身地に帰還した。こうした現実があるからか、われわれは就業機会を求めて移動すべきは地方圏の出身者であると、暗黙のうちに了解していないだろうか。「自らの地域で生活し労働する」ことに対する人々の希望を、「権利」であると認識し、出身地がどこであるかにかかわらずその権利が相当程度保障されるべきであるとする考え方は、こうした暗黙の了解に異議申し立てをするものである。

　本書において、筆者は一貫して個人を単位に分析を進めてきた。そこには従来の地理学的研究が労働力移動を単なる生産要素のフローとみなし、実際に労働力移動を経験する個人にほとんど焦点を当ててこなかったことへの批判の念を込めたつもりである。従来の労働力・労働市場に関する地理学的研究では、地域やそこに立地する企業が必要な労働力をいかにして獲得するか、あるいは労働力移動がいかなる社会問題を引き起こしたかに視点が集中していた。地理学という学問分野に依拠する以上、従来の地理学者が地域を重視し、地域が抱える諸問題を解決する糸口となる研究に努めてきたことは当然かもしれない。しかしなぜ地域の抱える問題が研究対象とされるのかといえば、それらが地域に暮らす個人の生活の質を大きく左右するからである。地域問題の主語は地域ではなく、地域住民である。言い方を換えれば、地域問題は地域にとって問題なのではなく、地域住民にとっての問題なのである。そして地理的な研究の根底に人間生活への関心があるとすれば、まさに人間生活の軌跡であるライフコースを対象とした研究は、地理学というディシプリンにおいて、より中核的な地位を与えられてもよいと感じている。

あとがき

本書の初出は以下の通りである．

Ⅰ章　書き下ろし
Ⅱ章　書き下ろし
Ⅲ章　中澤高志 2001．研究開発技術者の新規学卒労働市場―東京大都市圏への集中課程を中心に．経済地理学年報 47，19-34．
　　　中澤高志 2001．技術系人材の東京大都市圏への集中とその要因―工学部卒業生の就職プロセスに関する事例分析．人文地理 53，590-607．
Ⅳ章　中澤高志 2002．研究開発技術者のライフコース．荒井良雄・川口太郎・井上　孝編著「日本の人口移動―ライフコースと地域性」古今書院，149-168．
Ⅴ章　中澤高志 2002．九州における情報技術者の職業キャリアと労働市場．地理学評論 75，837-857．
Ⅵ章　中澤高志・荒井良雄 2003．九州におけるインターネット関連産業の動向と従業員のキャリア．経済地理学年報 49，218-229．
Ⅶ章　中澤高志 2007．地方都市におけるインターネット関連産業とその経営者―大分県の事例―．都市地理学 2，17-32．
Ⅷ章　書き下ろし

このうち、Ⅰ～Ⅵ章は、2002年度に東京大学大学院総合文化研究科に提出した筆者の博士論文の主要部分を構成した。いずれの論文も、本書に再録するに当たってかなりの加筆・修正を施した。本書を編むに当たっては、それぞれ

の論文を書いていた頃のことを思い起こし、その時の自分と対話するつもりで作業を進めた。本書の基になった論文は、私が今よりもさらに未熟な時に書いたものが多いため、古傷に触れるような思いをすることもあったが、研究者になれるかどうかわからない不安の中で論文を書いていた時の純粋さを振り返るにつけ、内容的には稚拙であっても何とか一冊の本にまとめたいとの意を強くした。出版事情が厳しい中、本書の出版をお引き受けくださった大学教育出版の佐藤守社長には大変感謝している。

　本書を上梓するに当たり、まずお礼を申し上げたいのは大学院時代にご指導くださった東京大学大学院総合文化研究科の荒井良雄先生、谷内達先生、松原宏先生、永田淳嗣先生、田原裕子先生（現國學院大学）である。とりわけ指導教員の荒井先生の学恩は、私にとって言い尽くせないほど大きいものである。そのことは、職を得て日常的に自分を叱咤激励してくれる方がいなくなってから、一層強く感じられるようになった。松原先生は指導学生ではない私のことを、おりにふれて気遣ってくださった。私が現在手掛けつつある「労働の地理学」の研究も、松原先生の導きによるところが大きい。また、先の見えない不安の中でともに頑張った同窓の院生の方々にも、お礼を申し上げたい。妻はそうした同窓の院生の一人であり、本書の初校にも目を通してくれた。

　幸運にも、私は大学院生の時代から、学外の多くの先生と交流する機会を得ることができた。その点で、私はきわめて恵まれた環境にあったと自認している。荒井先生が組織された「人口移動研究会」では、明治大学の川口太郎先生、青山学院大学の井上孝先生、専修大学の江崎雄治先生、埼玉大学の谷謙二先生にご指導いただいた。なかでも川口先生は、データ分析の技術から論文の書き方まで、文字通り手取り足取りのご指導によって、私の研究者としての基礎を固めてくださった。

　今日も続く働く女性の研究グループに加えていただいたのも、大学院博士課程の時であった。金沢大学の神谷浩夫先生、首都大学東京の若林芳樹先生・武田祐子先生、広島大学の由井義通先生、立命館大学の矢野桂司先生、神奈川県高校教諭の木下禮子先生からは、共同研究をすることの面白さを学ぶことができた。これが縁となり、若林先生には学振特別研究員の受け入れ研究者をお

引き受けいただいた。神谷先生には、公私にわたりいつも親身になって相談に乗っていただいている。

　現在の勤務先である大分大学経済学部では、自由な雰囲気の中で研究できる環境を与えられており、大変感謝している。同僚に同じ経済地理学者である宮町良広先生がいることは大変心強く、研究・教育の両面でさまざまなご支援をいただいている。また、学部四回生（当時）の小松剛君は、読みなれない研究書の校正を手伝ってくれた。

　私の研究はここに挙げた方々以外にも多くの方々の学恩に支えられている。紙面の都合上、一人ひとりのお名前を記すことはできないことは心苦しい限りである。

　最後になったが、私が研究者になることを物心両面から惜しみなく支援してくれた両親に、特別な謝辞を献じたい。

2008年1月　別府にて

中澤高志

追記：本書の刊行に当っては、大分大学経済学部学術図書刊行助成会より支援を受けた。記して感謝したい。

文　献

赤羽孝之 1975. 長野県上伊那地方における電子部品工業の地域構造. 地理学評論 48, 275-296.

赤羽孝之 1980. 長野県南佐久地方における電気機械工業の地域構造. 地理学評論 53, 493-510.

天野郁夫・江原武一 1975. 工学部―工業化過程の人材養成. 清水義弘編『地域社会と国立大学』東京大学出版会, 337-354.

荒井良雄 2000. 研究開発の情報流動. 松田芳郎・垂水共之・近藤健文編著『講座ミクロ統計分析 3　地域社会経済の構造』日本評論社, 296-319.

荒井良雄 2005. 情報化社会とサイバースペースの地理学―研究動向と可能性. 人文地理 57, 47-57.

荒井良雄・大木聖馬 1999. 転勤移動の動向に関するノート―第3回人口移動調査データの再集計. 東京大学人文地理学研究 13, 111-136.

荒井良雄・岡本耕平・神谷浩夫・川口太郎 1996.『都市の空間と時間―生活活動の時間地理学』古今書院.

荒井良雄・川口太郎・岡本耕平・神谷浩夫編訳 1989.『生活の空間　都市の時間―Anthology of Time Geography』古今書院.

安東誠一 1986.『地方の経済学』日本経済新聞社.

生田真人 1989. 近畿圏における情報サービス業の立地. 北村嘉行・寺坂昭信・富田和暁編『情報化社会の地域構造』大明堂, 62-72.

池田秀男 1980. 大卒者の地域移動. 中西信夫・麻生 誠・友田泰正編『就職―大学生の選職行動』有斐閣, 81-106.

石井正道 1993a. 工学部卒業生における就業実態の日米比較研究（前編）. 研究開発マネジメント 9月号, 94-103.

石井正道 1993b. 工学部卒業生における就業実態の日米比較研究（後編）. 研究開発マネジメント 10月号, 94-103.

石神　隆 1986. 企業研究所の立地動向. 調査（日本開発銀行）90, 2-43.

石川義孝 1991. わが国における産業構造の転換と人口移動パターンの変化. 人文研究 43(9), 19-48.

石川義孝 1994.『人口移動の計量地理学』古今書院.

石川義孝編著 2001.『人口移動転換の研究』京都大学出版会.

石田　修 1991. 情報サービス産業の急成長. 矢田俊文・今村昭夫編著『西南経済圏分析』ミネルヴァ書房, 172-185.

石田英夫 1996. 研究人材マネジメントの現状と課題. 組織行動研究 26, 10-24.
石田英夫編 2002. 『研究開発人材のマネジメント』慶應大学出版会.
磯田則彦 1995. わが国における 1980 年代後半の国内人口移動パターンと産業構造の変化. 経済地理学年報 41, 83-99.
伊藤　滋監修, 光多長温・日端康雄編著 1999. 『ビット産業社会における情報化と都市の将来』慶應大学出版会.
伊藤達也 1984. 年齢構造の変化と家族制度からみた戦後の人口移動の推移. 人口問題研究 172, 24-38.
伊東維年 1998. 『テクノポリス政策の研究』日本評論社.
伊藤　実 1988. 『技術革新とヒューマン・ネットワーク型組織』日本労働研究機構.
伊藤　実 1992. 技術革新と日本型研究開発システム―人と情報のフィードバック・ループ. 日本労働研究雑誌 393, 2-12.
今野浩一郎 1991. 技術者のキャリア. 小池和夫編『大卒ホワイトカラーの人材開発』東洋経済新報社：29-62.
今野浩一郎 1992. 技術者の労働市場と求職行動―日米英独の国際比較. 日本労働研究雑誌 393, 13-23.
今野浩一郎・佐藤博樹 1987. ソフトウェア産業における経営戦略と人材育成―人材育成体制とキャリア・パスの確立. 日本労働協会雑誌 336, 2-13.
今野浩一郎・佐藤博樹 1990. 『ソフトウェア産業と経営―人材育成と開発戦略』東洋経済新報社.
岩内亮一・平沢和司・中村高康・平野英一 1995. 大卒雇用市場の実像―大学生の就職活動の実証的研究. 明治大学教養論集 278, 37-114.
岩本 純・吉井博明 1998. 『「情報」の商品化と消費』学文社.
ウェストニー, E. 1995. 日本企業の研究開発. 青木昌彦・ドーア, R. 編, NTT データ通信システム科学研究所訳『システムとしての日本企業』NTT 出版, 181-208.
梅澤 隆 2000. 『情報サービス産業の人的資源管理』ミネルヴァ書房.
エヴェリット, B. S. 著, 山内光哉監訳　弓野憲一・菱谷晋介訳 1980. 『質的データの解析―カイ二乗検定とその展開』新曜社.
江崎雄治・荒井良雄・川口太郎 2000. 地方圏出身者の還流移動―長野県および宮崎県出身者の事例. 人文地理 52, 190-203.
エルダー, G. 著, 本田時雄ほか訳 1986. 『大恐慌の子供達』明石書店.
大久保孝治 1990. ライフコース分析の基礎概念. 教育社会学研究 46, 53-70.
太田聰一 2003. 若者はなぜ「地元就職」を目指すのか. エコノミスト 81 (39), 46-49.
大本圭野 1996. 居住政策の現代史. 大本圭野・戎能通厚編著『講座現代居住 1　歴史と思想』東京大学出版会, 89-120.
岡田行正 1997. 日本企業にみる研究開発部門の変遷と人的資源管理の基本問題点―包括的一

元管理を中心として．北海学園大学経済論集 45-2：127-145．
岡橋秀典 1978．工業化地域周辺山村における農業の変貌と農民層の動向―愛知県三河山間地域の場合．人文地理 30，97-116．
奥田　仁 2001．『地域経済発展と労働市場―転換期の地域と北海道』日本経済評論社．
開本浩矢 1998．研究開発技術者の職務間移動．商大論集（神戸商科大学）50，205-231．
垣見直彦 2001．地方都市に立地するソフト系 IT 産業―ターミナル駅周辺に集積するソフト系 IT 産業．産業立地 2001 年 4 月号，34-40．
加瀬和俊 1997．『集団就職の時代―高度成長のにない手たち』青木書店．
片瀬和子・中林一樹・生田真人 1984．大工場従業者の持家取得にともなう居住地移動と企業の住宅政策．経済地理学年報 30，112-129．
片山一義 1993．ソフトウェア産業の地方展開―鹿児島県ソフトウェア産業を事例として．鹿児島経済大学地域総合研究所編『変わりゆく地域と産業』，文眞堂，120-165．
加藤幸治 1993．仙台市におけるソフトウェア産業の展開．経済地理学年報 39，318-339．
加藤幸治 1996．情報サービスの地域的循環とその東京一極集中―東北地方を事例として．地理学評論 69A，102-125．
加藤幸治 1998．「90 年代不況」下における情報サービス業の地域的展開―東京での再集積と地方都市での縮小．広島大学文学部紀要 58，97-115．
金子元久・小林雅之 2000．『教育の政治経済学』放送大学教育振興会．
苅谷剛彦 1991．『学校・職業・選抜の社会学―高卒就職の日本的メカニズム』東京大学出版会．
苅谷剛彦・菅山真次・石田　浩 2000．『学校・職安と労働市場―新規学卒市場の制度化過程』東京大学出版会．
川上義明 1986．ソフトウェア企業の地方展開―企業系列化との関わりにおいて．北見大学論集 16，37-60．
川口太郎 1985．東京通勤圏における小売業の空間構造．地理学評論 58，744-753．
川口太郎 1990．大都市圏の構造変化と郊外．地域学研究 3，101-113．
川口太郎 1997a．郊外世帯の住居移動に関する分析―埼玉県川越市における事例．地理学評論 70A，108-118．
川口太郎 1997b．移動経歴から見た郊外住民の多様性―埼玉県越谷市における高齢者を事例として．駿台史学 100，173-210．
川口太郎 2000．大都市圏における地方出身世帯の住居移動．明治大学人文科学研究所紀要 46，146-187．
川口太郎 2002．大都市圏における世帯の住居移動．荒井良雄・川口太郎・井上　孝編『日本の人口移動　ライフコースと地域性』古今書院，91-111．
川崎　敏 1963．三大都市圏における吸引労働力の地域構造．地理学評論 36，481-498．
川田　力 1992．わが国における教育水準の地域格差―大学卒業者を中心として．人文地理

44, 25-46.
川田　力 1993. 長野県佐久地方における大学進学行動と大学新規卒業者の就職行動．地理学評論 66A, 26-41.
菊池利夫 1963. 京浜労働市場圏における労働力の需給構造とその動向予測．人文地理 15, 1-16.
北川博史 1996. わが国主要コンピュータメーカーにおけるソフトウェアハウスの展開．人文地理 48, 499-516.
北村嘉行 1989. 東京の情報サービス産業の立地展開．北村嘉行・寺坂昭信・富田和暁編『情報化社会の地域構造』大明堂, 73-83.
絹川真哉・湯川抗 2001. ネット企業集積の条件―なぜ渋谷～赤坂周辺に集積したのか．FRI 研究レポート 99, 28-47.
木下康仁 1999.『グラウンデッド・セオリー・アプローチ』弘文堂.
グラノヴェター・M. 著, 渡辺深訳 1998.『転職』ミネルヴァ書房.
グレイザー, B. G.・ストラウス, A. L. 著, 後藤　隆・大出春江・水野節夫訳 1996.『データ対話型理論の発見』新曜社.
クローセン, J. A. 著, 佐藤慶幸・小島　茂訳 1987.『ライフコースの社会学』早稲田大学出版部.
玄田有史 1997. チャンスは一度―世代と賃金格差．日本労働研究雑誌 449, 2-12.
玄田有史 2001.『仕事の中の曖昧な不安―揺れる若年の現在』中央公論新社.
小池和男 1999.『仕事の経済学　第2版』東洋経済新報社.
神代和欣 1983.『日本の労使関係』有斐閣.
国土交通省国土計画局大都市圏計画課編 2001.『ソフト系IT産業の実態調査報告書』財務省印刷局.
国土交通省国土計画局大都市圏計画課編 2002.『平成14年版　ソフト系IT産業の実態調査報告書』財務省印刷局.
国土庁大都市圏整備局編 1992.『情報産業の立地戦略―企業・従業者の脱東京戦略』大蔵省印刷局.
小長谷一之・富沢木実編著 1999.『マルチメディア都市の戦略』東洋経済新報社.
榊原清則 1995.『日本企業の研究開発マネジメント―組織内同形化とその超克』千倉書房.
桜井　厚 1995. 生が語られるとき―ライフヒストリーを読み解くために．中野　卓・桜井厚編『ライフヒストリーの社会学』弘文堂, 219-248.
佐藤郁哉 1992.『フィールドワーク』新曜社.
佐藤郁哉 2002.『フィールドワークの技法』新曜社.
佐藤英人 2001. 東京大都市圏におけるオフィス立地の郊外化メカニズム―大宮ソニックシティを事例として．人文地理 53, 47-62.
佐藤英人・荒井良雄 2003. オフィスの郊外立地に伴う就業者の住居選択―大宮, 幕張, 横浜

を事例として．地理学評論 76, 450-471.
佐藤嘉倫 1998．地位達成過程と社会構造—制度的連結理論の批判的再検討．日本労働研究雑誌 457, 27-40.
柴田弘捷 1979．大企業現業労働者の配置転換移動．伊藤達也・内藤博夫・山口不二雄編著『人口流動の地域構造』大明堂, 172-180.
清水義弘編 1975．『地域社会と国立大学』東京大学出版会．
情報サービス産業協会編 1992．『地域情報化の進展に関する調査研究報告書—情報サービス産業の地域展開及び誘致・振興施策の現状』情報サービス産業協会．
末吉健治 1989．最上地域における電機工業の展開．経済地理学年報 35, 221-244.
末吉健治 1991．最上地域における衣服工業の展開と農家の就業形態．経済地理学年報 37, 61-83.
末吉健治 1999．『企業内地域間分業と農村工業化—電機・衣服工業の地方分散と農村の地域的生産体系』大明堂．
スコット，A. J. 著，水岡不二雄監訳 1996．『メトロポリス』古今書院．
鈴木淳子 2000．「日本的キャリア」の生成—研究者の部門間異動を事例として．日本労働研究雑誌 476：46-55.
関　満博 1991．『地域中小企業の構造調整』新評論．
高島秀樹・岩上真珠・石川雅信 1994．『生活世界を旅する—ライフコースと現代社会』福村出版．
竹内淳彦 1986．システムハウスの存立形態—東京地域を中心として．経済地理学年報 32, 198-209.
竹内　洋 1995．『日本のメリトクラシー—構造と心性』東京大学出版会．
田中利彦 1992．情報サービス産業の地方展開—地方中心都市熊本都市圏の場合．熊本商大論集 39, 69-100.
谷　謙二 1997．大都市圏郊外住民の居住経歴に関する分析—愛知県高蔵寺ニュータウン戸建住宅居住者の事例．地理学評論 70A, 263-286.
谷　謙二 2000．就職・進学移動と国内人口移動の変化に関する分析．地理学研究報告（埼玉大学教育学部）20, 1-18.
趙　暉・深海隆恒 1990．戦後日本の給与住宅の実態およびその役割．都市計画 162, 70-79.
塚田秀雄 1961．労働市場の地域的研究—二，三の事例による試み．人文地理 13, 52-67.
塚原啓史 1994．テクノポリス政策の評価—開発指標からの一考察．経済地理学年報 40, 220-228.
塚原修一・小林淳一 1978．社会階層と移動における地域の役割—出身地と居住地．富永健一編『日本の階層構造』東京大学出版会, 232-271.
辻　淳二 1990．『情報サービス産業界』教育社．
粒来　香 1997．高卒無業者層の研究．教育社会学研究 61, 185-209.

粒来　香・林　拓也 2000. 地域移動から見た就学・就職行動. 近藤博之編『日本の階層システム 3　戦後日本の教育社会』東京大学出版会, 57-78.
戸塚秀夫・中村圭介・梅沢　隆 1990. 『日本のソフトウェア産業—経営と技術者』東京大学出版会.
富田和暁 1982. 大阪における情報サービス業と広告業のサービスエリアと立地地区. 経済地理学年報 28, 314-324.
富田和暁 1986. 神奈川県情報サービス業の立地展開. 経済と貿易 143, 13-58.
富田和暁 1987. 神奈川県におけるソフトウェア産業の立地展開. 経済地理学年報 33, 216-227.
富田和暁 1989. 神奈川県の情報サービス業の立地特性. 北村嘉行・寺坂昭信・富田和暁編『情報化社会の地域構造』大明堂, 84-93.
友澤和夫 1989a. 周辺地域における工場進出とその労働力構造—中・南九州を事例として. 地理学評論 62A, 289-310.
友澤和夫 1989b. わが国周辺地域における「非自立的産業」の展開と地域労働市場の構造—熊本県天草地方を事例として. 経済地理学年報 35, 201-220.
友澤和夫 1999. 『工業空間の形成と構造』大明堂.
長尾謙吉・原　真志 2000. 大都市立地マルチメディア企業の存立形態—サンフランシスコ・ソーマ地区の事例. 季刊経済研究 22, 125-136.
中川聡史 1996. コーホートから見た日本の大学卒業人口の分布変化—東京圏の動向に注目して. 人口問題研究 52 (1), 41-59.
中川　正 1996. 日本における民間研究所の立地パターン. 人文地理学研究 (筑波大学) 20, 145-159.
中川　正・季　増民・須山　聡・小田宏信・廣田育男 1992. 筑波研究学園都市における民間研究所の集積. 人文地理 44, 643-662.
中澤高志・荒井良雄 2002. 情報サービス産業の業務活動の空間的広がりに関する研究—九州における事例. 都市計画論文集 37, 67-72.
中澤高志・荒井良雄 2004. 北海道・東北地方の情報サービス産業における起業—創業者の移動経歴に注目して. 経済地理学年報 50, 162-174.
中澤高志・神谷浩夫 2005. 女性のライフコースに見られる地域差とその要因—金沢市と横浜市の進学高校卒業生の事例. 地理学評論 77, 560-585.
中澤高志・川口太郎 2001. 東京大都市圏における地方出身世帯の住居移動—長野県出身世帯を事例に. 地理学評論 74A, 685-708.
中島　清 1989a. 研究所立地論の体系化に関する考察—文献サーベイを中心として. 経済地理学年報 35, 181-200.
中島　清 1989b. 情報サービス業の地域的展開. 北村嘉行・寺坂昭信・富田和暁編『情報化社会の地域構造』大明堂, 47-61.

中原秀登 1996. 研究者の採用. 組織行動研究 26, 25-35.
中野　卓 1981. 個人の社会学的調査研究について. 社会学評論 32, 2-12.
中野　卓編著 1995. 『口述の生活史（増補版）』御茶ノ水書房.
中野　卓・桜井　厚編 1995. 『ライフヒストリーの社会学』弘文堂.
日本技術士会 1994. 『技術者の養成・確保に関する調査Ⅱ』日本技術士会.
日本政策投資銀行九州支店 2000. 『福岡における情報産業系ベンチャー企業の集積―ITベンチャーの興隆を持続発展させるための方策を求めて』日本政策投資銀行九州支店.
日本政策投資銀行北海道支店 2000. 『サッポロバレー・コア・ネットワーク―集積の効果を得つつある札幌市内IT企業群の現状と課題』日本政策投資銀行北海道支店.
日本生産性本部 1989. 『研究開発技術者のキャリアと能力開発』日本生産性本部.
日本生産性本部 1990a. 『英国の技術者・日本の技術者』日本生産性本部.
日本生産性本部 1990b. 『ドイツの技術者・日本の技術者』日本生産性本部.
日本生産性本部 1991. 『米国の技術者・日本の技術者』日本生産性本部.
日本労働研究機構 2000. 『情報産業の人的資源管理と労働市場』日本労働研究機構.
沼上　幹 2000. 『行為の経営学―経営学における意図せざる結果の探究』白桃書房.
長谷川達也 1999. 企業住宅政策と施策住宅の展開―住友金属工業和歌山製鉄所を例に. 経済地理学年報 45, 100-119.
林　拓也 1997. 地位達成における地域間格差と地域移動―学歴・初職に対する影響の計量分析. 社会学評論 48, 334-349.
ハレーブン, T. 著, 正岡寛治監訳 1990. 『家族時間と産業時間』早稲田大学出版部.
樋口美雄 2004. 地方の失業率上昇の裏に若者の地元定着増加あり. 週刊ダイヤモンド 92 (12), 25.
日立製作所ソフトウェア開発本部 25 年史編纂委員会 1994. 『ソフトウェア開発本部 25 年のあゆみ』日立製作所ソフトウェア開発本部.
日立ソフトウェアエンジニアリング社史編纂委員会 1991. 『日立ソフトウェアエンジニアリング史』日立ソフトウェアエンジニアリング株式会社.
日立ソフトウェアエンジニアリング社史編纂委員会 2000. 『未来創造―日立ソフトウェアエンジニアリング 30 年史』日立ソフトウェアエンジニアリング株式会社.
平沢和司 1998. 大卒理系就職と学校推薦. 岩内亮一・苅谷剛彦・平沢和司編『大学から職業へⅡ―就職協定廃止直後の大卒労働市場』広島大学大学教育研究センター, 65-76.
平野智久 1996. 熊本県のソフトウェアハウスと情報処理技術者の養成. 熊本学園大学論集（総合科学）2, 107-137.
福谷正信 2001. 『R&D 人材マネジメント』泉文堂.
藤田英典 1984. 解説. グレン, N. D. 著, 藤田英典訳『コーホート分析法』朝倉書店, 93-131.
富士通エフ・アイ・ピー株式会社 1994. 『富士通エフ・アイ・ピー 15 年史』富士通エフ・ア

イ・ピー株式会社.
富士通ネットワークエンジニアリング株式会社 1995.『FNE10年のあゆみ』富士通ネットワークエンジニアリング株式会社.
プラマー，K. 著，原田勝弘・川合隆男・下田平裕身監訳 1991.『生活記録の社会学―方法としての生活史研究案内』光生館.
ブレイヴァマン，H. 著，富沢賢治訳 1978.『労働と独占資本』岩波書店.
本田由紀 2005.『若者と仕事―「学校経由の就職」を超えて』東京大学出版会.
孫田良平 2000. 電産型賃金. 高梨昌・花見忠監修『事典・労働の世界』日本労働研究機構，438-442.
御厨 貴 2002.『オーラル・ヒストリー―現代史のための口述記録』中央公論新社.
村上由紀子 1994. 情報処理技術者の労働移動. 早稲田政治経済学雑誌 317, 242-257.
村上由紀子 1999. 情報の流れ，企業内移動，人的資源管理―製薬業とエレクトロニクス産業の比較. 組織行動研究 29, 9-21.
森岡清美・青井和夫 1987.『現代日本人のライフコース』日本学術振興会.
森岡清美・青井和夫編著 1985.『ライフコースと世代―現代家族論再考』垣内出版.
森岡清美・望月 嵩 1987.『新しい家族社会学（改訂版）』培風館.
森川 滋 1986. 情報サービス業の動向とその地域的展開. 中小企業季報 1986年2号, 1-10.
矢野眞和 2001.『教育社会の設計』東京大学出版会.
矢部直人 2005a. ソフトウェア産業の立地に対する国際貿易を考慮したシフトシェア分析. 人文地理 57, 428-443.
矢部直人 2005b. 東京大都市圏におけるソフトウェア産業の立地―ネスティッドロジットモデルによる分析. 地理学評論 78, 514-533.
山口不二雄 1979a. 本書の課題と方法. 伊藤達也・内藤博夫・山口不二雄編著『人口流動の地域構造』大明堂, 1-8.
山口不二雄 1979b. ホワイトカラーの転勤移動. 伊藤達也・内藤博夫・山口不二雄編著『人口流動の地域構造』大明堂, 181-193.
山口泰史・荒井良雄・江崎雄治 2000. 地方圏における若年者の出身地残留傾向とその要因について. 経済地理学年報 46, 45-54.
山田 敦 2001.『ネオ・テクノ・ナショナリズム』有斐閣.
湯川 抗 1998. コンテンツ産業の地域依存性―マルチメディアガルチ. FRI研究レポート 40, 1-32.
湯川 抗 1999. コンテンツ産業の発展と政策対応―シリコンアレー. FRI研究レポート 47, 1-44.
湯川 抗 2001. 東京におけるネット企業の集積―日本版シリコンアレーの発展に向けて. Economic Review 2001年1月号, 1-36.
湯澤規子 2001. 結城紬生産地域における家族内分業の役割―織り手のライフヒストリーから

の考察.地理学評論 74A, 239-263.
湯澤規子 2002. 結城紬生産に見る家族経営とその変化―機屋の女性三代のライフヒストリーからの考察.人文地理 54, 131-154.
吉井博明・岩本　純 1992.『ソフトウェア産業の実像と将来像―分業化・専門化と立地動向を中心にして』文教大学情報学部.
リクルートワークス研究所編 2000.『人材市場データブック 2000』ダイヤモンド社.
若林岩雄 1988. ソフトウェア産業の農村地域への展開可能性.産業立地 27 (2), 36-41.
若林芳樹 2004. ライフステージからみた東京圏の働く女性と居住地選択.由井義通・神谷浩夫・若林芳樹・中澤高志共編著『働く女性の都市空間』古今書院：76-89.
若林芳樹・神谷浩夫・木下禮子・由井義通・矢野桂司編著 2002.『シングル女性の都市空間』大明堂.
渡辺　深 1998a. ジョブ・マッチングとキャリア・ネットワーク―転職過程の事例研究.富永健一・宮本光晴編著『モビリティ社会への展望』慶應大学出版会, 103-139.
渡辺　深 1998b. 訳者あとがき.グラノヴェター・M.著, 渡辺深訳『転職』ミネルヴァ書房, 281-292.
渡辺　深 1999. 転職とキャリア・ネットワーク―職業キャリアの社会的形成.組織科学 33 (2), 57-65.
渡辺良雄 1971. 大都市と広域中心性の実状.木内信蔵・田辺健一編著『広域中心都市―道州制の基礎』古今書院, 25-68.
渡辺良雄 1978a. 最近の東京の膨張と都市問題への1・2の視点.総合都市研究 3, 49-75.
渡辺良雄 1978b. 大都市居住と都市内部人口移動.総合都市研究 4, 11-35.
Allen, J. and Henry, N. 1997. Ulrich Beck's Risk society at work: labour and employment in the contact service industries. *Transactions of Institute of British Geographers N. S.* 22: 180-196.
Angel, D. P. 1989. The labor market for engineers in the U. S. semiconductor industry. *Economic Geography* 65, 99-112.
Angel, D. P. 1991. High-technology agglomeration and the labor market: the case of Silicon Valley. *Environment and Planning A* 23, 1501-1516.
Appold, S. J. 1998. Labor-market imperfections and the agglomeration of firms: evidence from the emergent period of the US semiconductor industry. *Environment and Planning A* 30, 439-462.
Appold, S. J. 2001. The control of high-skill labor and entrepreneurship in the early US semiconductor industry. *Environment and Planning A* 33, 2133-2160.
Arai, Y., Nakamura, H., Sato, H., Nakazawa, T., Musha, T., and Sugizaki, K. 2004. Multimedia and Internet business clusters in central Tokyo. *Urban Geography* 25, 483-500.

Audresch, D. B. and Stephan, P. E. 1996. Company-scientist locational links: the case of biotechnology. *The American Economic Review* 86, 641-652.

Audretsch, D. B. and Feldman, M. F. 1996. R&D spillovers and the geography of innovation and production. *The American Economic Review* 86, 630-640.

Baxter, J. and Eyles, J. 1997. Evaluating qualitative research in social geography: establishing 'rigor' in interview analysis. *Transaction of the Institute of the British Geographers N. S.* 22, 505-525.

Beck, U. 1992. *Risk society: toward a new modernity.* London: Sage.

Braczyk, H. J., Fuchs, G., and Wolf, H. G. eds. 1999. *Multimedia and regional economic restructuring,* New York: Routledge.

Braff, R. and Ellis, M. 1991. The operation of regional labor markets for highly trained manufacturing workers in the United States. *Urban Geography* 12, 339-362.

Campbell, S. 1993. Interregional migration of defense scientists and engineers to the Gunbelt during the 1980s. *Economic Geography* 69, 204-223.

Castells, M. 2001. *The Internet Galaxy: reflections on the Internet, business, and society.* Oxford: Oxford University Press.

Castree, N., Coe, N. M., Ward, K., and Samers, M. 2004. *Spaces of work: global capitalism and geographies of labour.* London: Sage.

Coe, N. M. 1996. Uneven development in the UK computer service industry since 1981. *Area* 28, 64-77.

Coe, N. M. 1997. Internationalisation, diversification and spatial restructuring in transnational computer service firms: case studies from the U. K. market. *Geoforum* 28, 253-270.

Coe, N. M. 1998. Exploring uneven development in producer service sectors: detailed evidence from the computer service industry in Britain. *Environment and Planning A* 30, 2041-2068.

Coe, N. M. 1999. Emulating the Celtic tiger? A comparison of the software industries of Singapore and Ireland. *Singapore Journal of Tropical Geography* 29, 36-55.

Coe, N. M. and Townsend, A. R. 1998. Debunking the myth of localized agglomerations: the development of a regionalized service economy in South-East England. *Transaction of Institute of the British Geographers* 23, 385-404.

Cooke, P. and Morgan, K. 1993. The network paradigm: new departure in corporate and regional development. *Environment and Planning D: Society and Space* 11, 54-564.

Cooke, P. and Wells, P. 1991. Uneasy alliances: the spatial development of computing and communication markets. *Regional Studies* 25, 345-354.

Daniels, P. W. 1991 A world of service. *Geoforum* 22, 359-376.

Ettlie, J. E. 1980. Manpower flows and the innovation process. *Management Science* 26, 1086-1096.

Gentle, C. and Howells, J. 1994. The computer services industry: restructuring for a single market. *Tijdschrift voor Economishe en Sociale Geografie* 85, 311-321.

Goe, W. R. 1990. Producer services, trade and the social division of labour. *Regional Studies* 24, 327-342.

Goe, W, R. 1996. An examination of the relationship between corporate spatial organization, restructuring, and external contracting of producer services within a metropolitan region. *Urban Affairs Review* 32, 23-44.

Goe, W. R., Lentnek, B., MacPherson, A. and Philips, D. 2000. The role of contact requirements in producer services location. *Environment and Planning A* 32, 131-145.

Gordon, I. 1995. Migration in a segmented labour market. *Transaction of the Institute of the British Geographers N. S.* 20, 139-155.

Graham, S. and Marvin, S. 1996. *Telecommunications and the City: electronic spaces, urban places*. London: Routledge.

Graham, S. and Marvin, S. 2001. *Splintering urbanism: networked infrastructures, technological mobilities and the urban condition*. London: Routledge.

Granovetter, M. 1985. Economic action and social structure. the problem of enbeddedness,. *American Journal of Sociology* 91, 481-510.

Haug, P. 1991. Regional formation of high-technology service industries: the software industry in Washington state. *Environment and Planning A* 23, 869-884.

Henry, N. and Massey, D. 1995. Competitive time-space in high technology. *Geoforum* 26, 49-64.

Heydebrand, W. 1999. Multimedia networks, globalization and strategies of innovation: the case of Silicon Alley. Braczyk, H. J., Fuchs, G. and Wolf, H. G. eds. *Multimedia and regional economic restructuring*. New York: Routledge, 49-80.

Howells, J. 1987. Developments in the location, technology and industrial organization of computer services: some trends and research issues. *Regional Studies* 21, 493-503.

Illeris, S. 1989. *Service and regions in Europe*. Aldershot : Avebury.

Illeris, S. 1994. Proximity between service producers and service users. *Tijdschrift voor Economisch en Sociale Geografie* 85, 294-302.

International Research Group on R&D Management. 1995. *The R&D Workers: managing innovetion in Britain. Germany. Japan and the United States*. London; Quorum Books.

Johnson, J. H. and Salt, J. 1980. Labour migration within organizations: an introductory study. *Tijschrift voor Economische en Sociale Geografie* 71, 277-284.

Keeble, D., Bryson, J. and Wood, P. 1991. Small firms, business service growth and regional development in the UK; some empirical findings. *Regional Studies* 25, 439-457.

Lipietz, A. 1992. The regulation approach and capitalist crisis: an alternative compromise for the 1990s. Dunford, M. and Kafkalas, G. eds. *Cities and regions in the new Europe: the global-local interplay and spatial development strategies.* London: Belhaven, 309-334.

Lipietz, A. 1994. Post-Fordism and democracy. Amin, A. ed. *Post-Fordism: a reader.* Oxford: Blackwell, 338-357.

Lundmark, M. 1995. Computer service in Sweden: markets, labour qualifications and patterns of location. *Geografiska Annaler* 77B, 125-139.

Malecki, E. J. 1984 High technology and local economic development. *Journal of the American Planning Association* 50, 262-269.

Malecki, E. J. 1989. What about people in high technology? some research and policy considerations. *Growth and Change* 20, 67-79.

Malecki, E. J. and Bradbury, S. L. 1992. R&D facilities and professional labour: labour force dynamics in high technology. *Regional Studies* 26, 123-136.

Malmberg, A. 1996. Industrial geography: agglomeration and local milleu. *Progress in Human Geography* 20, 392-403.

Massey, D. 1995a. *Spatial division of labour 2nd edition.* New York; Routledge. マッシィ, D. 著, 富樫幸一・松橋公治訳 2000.『空間的分業』古今書院.

Massey, D. 1995b. Masculinity, dualisms and high technology. *Transaction of Institute of British Geographers N. S.* 20, 487-499.

McKendrick, J. H. 1999. Multi-method research: an introduction to its applicability in population geography. *Professional Geographer* 51, 40-49.

Mckay, J. and Whitelaw, J. S. 1977. The role of large private and government organization in generating flows of inter-regional migrants: the case of Australia. *Economic Geography* 53, 28-44.

Moriset, B. 2003. The new economy in the city: emergence and location factors of Internet-based companies in the metropolitan area of Lyon, France. *Urban Studies* 40, 2165-2186.

Peck, J. 1996. *Work-Place: the social regulation of labor markets.* London: The Guilford Press.

Rossi, P. 1955. *Why families move: a study in the social psychology of residential movility.* Glencoe, Illinois; Free Press.

Salt, J. 1990. Organizational labour migration: theory and practice in the United

Kingdom. Johnston, J. H. and J. Salt. eds. *Labour migration: the internal geographical mobility of labour in the developed world.* London: David Fulton, 53-69.

Saxenian, A. 1994. *Regional advantage.* Massachusetts: Harvard University Press.

Scott, A. J. 1998. From Silicon Valley to Hallywood: growth and development of the multimedia industry in California. Braczyk, H. J., Cooke, P., and Heidenreich, M. eds. *Regional innovation systems: The role of governances in globalized world.* London: UCL, 136-162.

Scott, A. J. 1999. Patterns of employment in Southern California's multimedia and digital visual effect industry: the form and logic of emerging local labour market. Braczyk, H. J., Fuchs, G. and Wolf, H. G. eds. *Multimedia and regional economic restructuring*, New York: Routledge,30-48.

Scott, A. J. 2000. *The cultural economy of cities.* London; Sage.

Smith, G. C. 1998. Residential separation and patterns of interaction between elderly parents and their adult children. *Progress in Human Geography* 22: 368-384

von Hippel, E. 1994. "Sticky Information" and the locus of problem solving: implications for innovation. *Management Science* 40, 429-439.

Wiltshire, R. 1983. Personnel transfers and spatial mobility: a case study of the employment security bureau. *The Science Report of Tohoku University* 7th ser. (*Geography*) 33 (2), 65-78.

Winchester, H. P. M. 1999. Interviews and questionnaires as mixed methods in population geography: the case of lone fathers in Newcastele, Australia. *Professional Geographer* 51, 60-67.

Wood, P. A. 1986. The anatomy of job loss and job creation: some speculations on the role of the 'producer service' sector. *Regional Studies* 20, 37-46.

Zook, M. A. 2000. The web of production: the economic geography of commercial Internet content production in the United States. *Environment and Planning A* 32, 411-426.

Zook. M. 2002. Grounded capital: venture financing and the geography of the Internet industry, 1994-2000. *Journal of Economic Geography* 2, 151-177.

Zook, M. A. 2005. *The geography of the Internet industry.* Malden: Blackwell.

■著者紹介

中澤　高志（なかざわ　たかし）

　1975 年　　横浜市生まれ
　1998 年　　東京大学　理学部卒業
　2000 年　　東京大学　大学院　理学系研究科修士課程修了
　2003 年　　東京大学　大学院　総合文化研究科博士課程修了、博士（学術）
　　　　　　日本学術振興会特別研究員を経て。
　現　　在　　大分大学経済学部准教授

職業キャリアの空間的軌跡
― 研究開発技術者と情報技術者のライフコース ―

2008 年 4 月 10 日　初版第 1 刷発行

■著　　者────中澤高志
■発 行 者────佐藤　守
■発 行 所────株式会社 大学教育出版
　　　　　　　〒700-0953　岡山市西市 855-4
　　　　　　　電話（086）244-1268　FAX（086）246-0294
■印刷製本────モリモト印刷㈱
■装　　丁────ティーボーンデザイン事務所

© Takashi Nakazawa 2008, Printed in Japan
検印省略　　落丁・乱丁本はお取り替えいたします。
無断で本書の一部または全部を複写・複製することは禁じられています。
ISBN978-4-88730-829-9